U0372773

为北京奥运设计 | 北京 2008 年奥林匹克运动会形象景观设计系列丛书

中央美术学院奥运艺术研究中心

王敏　杭海　主编

凤与火

北京 2008 年奥林匹克运动会火炬接力形象景观设计

中国建筑工业出版社

Design for the Beijing 2008 Olympic Games | Series Books on the Image & Look Design of the Beijing 2008 Olympic Games

Art Research Center for Olympic Games of CAFA (ARCOG)

Chief Editors: Wang Min Hang Hai

FENG & HUO

The Look of the Torch Relay of Beijing 2008 Olympic Games

 China Architecture & Building Press

“非常感谢中央美院师生为奥运所做的巨大贡献！”

——雅克·罗格（Jacques Rogge）

国际奥组委主席

左页图（从上至下）：中央美术学院院长潘公凯（左一）向国际奥委会主席罗格（左四）赠送奥运礼物。中央美术学院设计学院院长王敏（右一）陈述奥运工作。罗格（右一）拜访、参观中央美术学院。

欢迎来到国家体育场
Welcome to The National Stadium
17:36:02
17:36:02
BEIJING
Beijing 2008

奥运景观——一幅瑰丽的中国图画

赵东鸣

北京奥组委文化活动部 部长

王敏院长找我说，他们正在编写一套记述中央美院参与北京奥运会形象景观设计的图书，希望我能撰写个序，我欣然从命。他同我既谈及了编辑此书的初衷，也一同回忆起当初的中央美院以及清华美院和众多的设计师们满腔热情地参与奥运景观设计，殚精竭虑完成每项任务的工作情景，讲述到从学院的设计小组到奥组委的景观大团队那无数个日日夜夜、许许多多难忘的人和事。虽然北京奥运会已经过去几年了，这位曾任教于美国耶鲁大学并担任全球最大的图像设计软件公司设计总监的教授、设计师，当年就是为了奥运放弃了优厚待遇举家搬迁回国，担纲了中央美院设计学院院长和北京奥组委的形象景观艺术总监的艰巨任务。他现在讲述起当时的故事，依然那么热切，那么感人肺腑。言语中，他那份对奥运的深厚情结，对设计师们的尊重，对学院青年人成长、成功的欣慰，真的令我很感动。我作为当初负责奥运文化工作的部长，同大家有很深入的接触。我始终认为，参与北京奥运会景观设计的青年设计师团队是一支出色的、充满力量的未来新星，我切身感应到他们那平时看似不善言表，其实有着强大的内心和力量！我深知奥运的经历，奥运对每个人形成的那股精神力量是不灭的。当时所有参与者都是以能为奥运、为民族、为国家作贡献而骄傲、而自豪、而爆发。正是于此，北京奥运景观庞大的设计任务，极高的创意要求，以及很多难以想象的困难等，都在那些初登奥林匹克景观设计舞台的年轻设计师的团结协作、忘我拼搏和睿智辛劳下，创造出一个个美好的奇迹，完成了奥林匹克史上最丰富、最东方、最炫美的景观设计和应用。

北京奥运会的景观工作是经受了巨大的国际性挑战的，由于它的国际化、专业化、高水准要求，加之北京奥运的景观规模比雅典等城市要大得多，我们又是第一次举办，外国专家曾不只一次善意地怀疑我们是否有这样的专业能力，能否按时且高水平地完成申办承诺和如此巨大的景观工程。也有外国专家和公司多次想高价承担北京奥运会的景观设计和实施工作，对此，北京奥组委坚持使用中国自己的设计和实施力量，组建了年轻的形象景观工作团队。奥运会的重大创意、设计，是依靠和动员社会力量参加，充分调动社会人才和各方面专业力量的积极性来完成的，这些方式也为中央美院等院校、专业机构的师生、人才提供了难得的机遇。实践证明，依靠自己的人才力量的方针是十分正确的，正是他们把奥林匹克同中国文化完美地结合，从而创造出了会徽“中国印”、“金镶玉”奖牌、“祥云”核心图形、“篆书之美”体育图标、火炬等经典设计，完成了整个奥运城市、奥运场馆、各类奥运活动的景观设计及宏大工程。奥运之美的第一印象一定是奥运形象景观。北京奥运会的形象景观犹如“奥运之都”的一幅瑰丽的中国画，赢得了社会公众、媒体和国际奥委会的广泛赞誉和好评。萨马兰奇先生曾说:“北京 2008 年奥运会形象景观是‘最好的、最出色的、国际化带中国特色的’”。对北京奥运会“无与伦比”的评价中有景观工作的突出贡献，作为奥运景观设计的主力军之一的中央美院最早、最多地承担了奥运会的设计任务，从学院领导到众多师生，都参加到重要的项目组及相关工作中，他们完成的很多成果已成为宝贵的奥运文化遗产。还有一批骨干先后调入奥组委文化活动部景观设计处、景观实施处工作，中央美院可以说为北京奥运会、残奥会发挥了巨大作用，功不可没。

王敏先生作为中央美院设计学院的院长想通过编辑这套书把学院参与北京奥运景观设计的历程和丰硕成果保留下来，把学院师生和设计师们表现出的家国情怀、奉献精神记录下来，我认为非常有必要、有价值，这不仅仅是记述历史、记述那些宝贵的设计成果，更是延续奥运精神、延续奥运带给我们民族的伟大创造精神。对此，我赞赏编纂这套丛书，感谢为该丛书出版献力的所有人，也由衷祝贺这套丛书的出版！

赵东鸣

2012 年 9 月 21 日

上图：国际奥委会主席罗格（左六）来访中央美院，与中央美院领导、教授及嘉宾合影。

中国设计为奥运增辉

潘公凯
中央美术学院 院长

北京2008年奥运会设计是一个庞大和复杂的系统工程，在这一系列相关设计工作中，既要体现中国文化的特色以及为此作出的艺术性追求，为奥运留下一笔有中国特色的遗产，又要和奥林匹克传统精神相结合，实现设计本身的功能性要求，得到全世界人民的认可和接受，这确实面临不少挑战。

2006年，经国际奥委会认可，北京奥组委批准，中央美术学院专门成立了奥运艺术研究中心，抽调师生专题研究北京2008年奥运会的视觉形象系统设计，成为北京奥组委指导下的重要设计团队。经过我院设计学院群策群力，师生齐心协力、各尽所长，奉献热情和智慧，完成了十多项与北京2008年奥运会有关的重大设计工程项目。2008年，举世瞩目的第29届奥林匹克运动会在北京成功举办，奥运奖牌、色彩系统、体育图标、核心图形、奥运门票、残奥会会徽、奥运火炬传递景观设计、奥运地铁支线设计等视觉形象设计成果得到国际设计界的赞誉。

设计的过程充满艰辛。从提出想法到整合资源提出方案，再到提交奥组委竞标，采取分阶段创作、多层次管理的模式，尽可能地整合资源，发挥大家的创造力。更重要的是还要考虑设计本身的功能性要求，比如奥运艺术研究中心设计的导视系统，包括机场、高速公路以及体育场的指示标识，它们必须具备准确的指示功能，不能因为体现中国文化特色和追求艺术性而忽略这个基本诉求。其他如门票、注册卡的设计都是功能性要求很高的项目。另外，整个设计也要考虑对北京整体形象的塑造和交通设施的影响。如何让传统文化要素具有现代感，如何让北京这个拥有几千年历史的古都展现当代风采，如何通过我们的设计给各国运动员与观众留下一个美好的北京2008年奥运会的印象，这一直是我们在思考和努力解决的问题。

这些项目的操作让中央美院的设计能力受到广泛好评，中央美院奥运设计团队被国务院授予“北京奥运会、残奥会先进集体”荣誉称号。中央美院设计的机场线地铁站也被誉为“世界上最有设计艺术性的地铁站”。国际奥委会也对这些设计评价很高，我们的团队最令他们吃惊的是，所有的奥运设计竟然来自学校的设计团队而非专业的国际设计公司。

时隔四年，随着新一轮奥运季的开始，本套丛书也将付梓。此套丛书的出版，将设计学院在奥运期间的作品付诸纸端，各项成果系统地再现于社会，一方面是对过去工作的回顾与总结，以及对这一重要历史阶段的记录；另一方面，奥运设计无疑为中国设计界带来一个提升的机会，奥运会本身就是中国形象、中国国力及民族自信心的一次绝佳的展示机会，它必然给中国设计带来正面、积极的影响。北京2008年奥运会之后，可能会有更多的中国自主设计涌现出来，成为文化产业与经济的推动力。

现代设计作为创意产业的重要内核，将艺术创造力与科学技术密切结合，将艺术与科技两种全然不同的创造方式整合为巨大的产业力量，是推动经济与文化发展的第二生产力。因为现代设计是将科学技术转化为文化优势和战略优势的智慧与保证。要从“中国制造”转向“中国设计”、“中国创造”，就必须发展上述两种实力：以“科学技术”作为解决产品的内在技术、功能及品质的实力；以“现代设计”作为解决产品的外观形态、人性化功能与品牌形象的另一强大实力。如果说以“科学技术”为基础的自主创新是中国产业转型的第一个发动机，那么，以艺术与文化为依托的“现代设计”就是第二个发动机。

与此同时，中国设计产业的发展和整个产业转型正处在关键时刻，我们应抓住时机，快速提升中央美院的设计创新实力，发挥其悠久的文化传统和强大的艺术创造能力，形成在设计产业方面的强大功能。也就是说，设计专业培养的学生和今后的设计师们，在中国产业转型中还肩负着重要的历史使命。本套丛书所涉及的整个项目经验及成果形成一套非常全面的教学实例，不仅使我们的日常教研受益匪浅，而且对于业内人士的启发、相关重大活动的参考以及设计产业的发展等均具有重要意义。

希望我们继往开来，续写奥运辉煌，再创中国设计新纪录。

潘公凯

2012年9月21日

奥运期间的北京奥运大厦。

已褪色的景观，难以忘却的经历
——北京 2008 年奥运会设计的挑战与理念

王敏
中央美术学院设计学院 院长
中央美术学院奥运艺术研究中心 主任

常经过当年北京奥组委在北四环辅路上的建筑（左图），大楼墙上至今仍然留着 2008 奥运会的形象，正面是奥运会徽，东西两面墙上是作为奥运景观的“祥云”彩带。几年的时间过去，日晒雨淋，彩带褪色，失却了当年的光彩，“Beijing 2008”的大字也几近消失，每次看到时不免会有几分伤感。四年前，这里是奥运的指挥中心，是一个令人激动的场所，墙上的景观彩带是设计师们几年设计与研究的成果，并由中央美院的设计师胡小妹等人完成。现在景观色彩褪色，可记忆犹存，尽管四年过去了，那激动人心的一段时光仍然十分清晰，参与奥运设计七年，经历了无数的不眠之夜，无数的会议、大量的比稿，那既是令人激动的时期，也是参与设计人员的一段痛苦旅程，今天回顾仍然历历在目。中央美术学院奥运艺术研究中心众多的老师、同学为了那场盛会献出了太多的心血、智慧、激情、辛劳与奋斗，这段经历难以忘却，记忆永远不会褪色。

今年那座建筑上褪色的“祥云”彩带突然焕然一新，又恢复了当年的色彩，也许是因为今年是奥运年，伦敦在举办奥运，也许是因为大楼的新主人与我们一样，仍有强烈的奥运情结。一段逝去的时光是如此显耀，如此光彩，如此动人，褪色是让人难以接受的事实，所以大楼的业主不惜重金重塑当年景观，尽管这几乎带有几分荒谬的色彩，却有着北京人能够理解的理由。以同样的心态，但以更多的理由、更迫切的愿望，我们在四年之后将中央美术学院奥运艺术研究中心的作品重新呈现在这套系列出版物中。这套丛书共四册，分别是：凤与火——北京 2008 年奥林匹克运动会火炬接力形象景观设计，玉与礼——北京 2008 年奥林匹克运动会奖牌设计，云与气——北京 2008 年奥林匹克运动会核心图形及形象景观系统设计，形与意——北京 2008 年奥林匹克运动会体育图标／指示系统设计。在这套丛书中，我们选择了最有代表性的四项奥运设计，将设计的过程、理念、原始材料呈现给读者。
奥运中心的同仁们在完成这套丛书的过程中少不了痛苦的回味，也少不了些许自满。与奥运大楼上的景观翻新不同的是，我们出这套丛书不仅仅是重现当年的色彩，不仅仅是为了怀旧的目的，更多的是随着时间的流淌，今天的我们整理当年的工作时，更为理性、更为成熟，编辑过程中有激情后的深思，有荣光后的反省，也有更为宏观的审视。其中涉及的设计理念，中国设计师对中国设计风格的追求、设计方法、设计管理的方法、设计决策的产生过程、决策机制、政府的参与等问题恰好是当今中国设计师、设计界关注的话题，既有奥运的意义，也有奥运之外更为重要的价值，我们绝不是仅仅为了怀旧的目的来出这套丛书。

历届奥运设计被誉为世界最大的设计项目，其重要程度，涉及的人员之多，机构之多，受众人数之多以及项目的繁杂程度是其他设计项目无法比拟的。作为中国的第一次，我们有义务对我们所参与的部分进行总结、整理，将这些史料保存下来。其一，对于国际奥林匹克运动，知识经验的传承是国际奥委会管理上的一大特色，每届奥运会都要将其经验传给后面的主办城市，以期让知识与经验得以传承，不断提高办会水平。回顾奥运历史，我们可以清楚地看到知识传承带来的好处。其二，作为中国设计史上一件重要事件，我们应该有很详尽的记录，以备后人研究这段设计史时作参考。设计学科在中国近年来正面临着巨大的发展，在教育界已升格为一级学科，对设计重要活动的记载是一种责任。其三，对这个中国设计发展的里程碑般的事件进行学术梳理也是我们作为学术机构应尽的职责。其四，得益于中国建筑工业出版社从总编辑到编辑们的全力支持，我们今年放下很多手头的工作，集奥运中心核心团队之力，全力完成这套丛书的编辑与设计。我们力求忠实地记录这段历史，希望将中央美术学院所有参与奥运设计的人员都记录在这套书中，不漏掉一个人。我们也希望在这里公正地记录我们与其他机构合作的过程，感谢所有那些曾给予我们无私支持的机构与人员。我们知道，还会有很多遗漏与误记，有时记忆还是会褪色的，这也是急于出此套书的目的之一。

奥运形象与景观设计

国际奥林匹克运动有清晰的理念、卓越的品牌管理。作为构筑与宣传现代奥林匹克品牌的手段之一便是每届奥运会完美独特的奥运形象与景观。萨马兰奇曾说过：一所花费几千万盖起来的体育馆如果没有奥运景观，那它就不是奥运场馆。通过每届运动会独特但又集聚奥运理念的形象设计，通过奥运期间无处不在的奥运景观，奥林匹克理念在全世界得以传播。它超越国界，超越宗教，超越政治，将一种美好的精神与理念传递给几十亿人并深入人心，成为全世界最为成功的品牌之一。奥运会从来就不仅是竞技的平台，它在人类追求体能的完美与巅峰的同时，也是人类追求精神层面更高、更强的一次次展现，是文化的盛宴，是设计师的舞台。

北京奥运会从筹备开始，奥运形象一步步产生。首先是会徽，接下来是色彩系统、二级标志、单项体育图标、核心图形、奖牌。每次奥运形象与景观元素的完成和推出都伴随大量媒体宣传，不断地唤起百姓的奥运热情，烘托奥运气氛。北京奥运会期间，有着自己独特面貌的北京奥运形象景观无处不在！它伴随着运动员创造奇迹的时刻，将北京奥运的独特风采、奥运的理念展现给全世界，通过对形象元素的设计、开发和一体化的应用管理，创造出了北京2008年奥运会独特、完整而又具有一致性的视觉形象，塑造了一个充满奥运精神与色彩，令人激动的比赛环境。奥运形象也出现在机场、街道、宾馆，出现在电视、宣传材料以及大量的特许产品上，它通过诸多途径展示在全世界几十亿观众面前。奥运形象景观设计在展示自己独特形象的同时又达到设计的功能需求，为运动员与观众营造了完美的奥运体验。北京奥运形象与景观设计向世界展示了中国的文化传统、新的城市形象和人文精神，“祥云”、“篆书之美”体育图标、“金镶玉”奖牌等形象延续中国文化精神，将北京固有的传统文化优势弘扬光大，同时又富于现代色彩，将活力、动感、前卫与千年古城形象以及中国传统文化联系起来，赋予北京以新的文化符号与时代精神，体现了中国传统美学的精华与神韵，是中国文化、理念与奥林匹克精神的完美结合。

2003年年底，我曾去雅典学习2004年奥运形象设计与管理的情况，回来后曾表示过自己的担忧：离开雅典前夜，雅典奥运会形象设计总监西奥多拉·玛莎里斯（Theodora Mantzaris）对我很有感触地谈了一番话，她谦虚地说：“我们无法与你们相比，北京有更大的平台去展示你们的创造力。”是的，与雅典相比，北京是一个更大的舞台，人多、钱也多，又有一个拥有13亿人口的国家作后盾，我们中国人对在本土举办奥运的向往与激情，也许比希腊人还要来得强烈，这从我们的会徽发布仪式的壮观，以及举国民众对此的关注热情中就可以看出来。但是，如果在今后几年里，我们不能给国人的殷殷期盼以满意答卷，也没能确立起一个明确、清晰，既富有民族特色和中国传统文化深厚底蕴，又极具现代魅力和国际化风采，既为国人所广泛认同，又为世界所普遍接受的奥运形象，以及仍没能建立起一套完整有效的形象设计管理系统，没能形成一个为同一目标而精诚合作的优秀设计团队的话，那么不仅是我们这些承担了奥运形象设计任务的设计师会愧对全国人民，作为2008奥运主办地的中国首都北京也就不能实现其为世界、为我们的后代奉献和留下一份独特的奥林匹克形象的夙愿。

当初的担忧不无道理，尽管进入21世纪，但中国设计界还处于不成熟期，相关的决策机制尚可能有需不断完善之处。一个理想的奥运形象与景观应该建立在一个清晰的理念下，“同

一个世界 同一个梦想”，还要同一个理念，同一个声音，同一个形象，这样才会有和谐统一的传播形象。奥运形象与景观包括会徽、形象指南、主题口号、色彩系统、二级标志、单项体育图标、核心图形、奖牌、火炬、制服、竞赛场馆景观、非竞赛场馆景观、电视转播、网站、出版物等，有着许多方方面面的东西，要求完全的统一、协调，不光设计，设计决策、设计管理也十分重要！这是一个复杂的系统工程。筹备奥运初期，我们从很多方面还不具备将这样一个复杂的设计工程做到国际水准的条件，仅设计决策过程就是一个大问题，体制的限制，对设计认识的缺乏，对设计师的不尊重等问题是实现一个国际水准的设计系统工程的很大障碍。

北京 2008 年奥运会带给中国设计师的挑战与机会

2001 年，北京赢得了举办第 29 届奥林匹克运动会的机会，全北京陷入狂欢之中。取得奥运会的主办权对 13 亿中国人来说具有特殊的意义，它不仅是举办一场国际体育盛会的机会，也是一个民族崛起后的亮相，更是中国重新打造自己国家品牌的机会，让被曲解的中国重新被世界认识。有这样的心态与诉求，不难理解中国政府、民众与设计师当年对奥运的投入与热情。

古希腊奥林匹克是为了显现人类的美、自然的美、力量的美。现代奥林匹克也同样是人类美的彰显，历届奥运会都是艺术家、设计师发挥艺术才能的机会。奥运会是中国设计师走向世界的一个好的机会！1964 年东京奥运会使日本设计为全世界关注，1988 年首尔奥运会让韩国设计师增添了很多自信心，2008 年北京奥运会应该是中国设计师向国际设计界推介自己的机会。奥运会让中国人提升民族自尊心、自信心，也让中国设计师增加自信心，而自信心是创造力，是中国设计走出自己道路、自己个性的必要条件。中国的设计从 20 世纪 80 年代起开始飞速发展，经历了迷乱、模仿、无序、不自信到大发展、自觉、自信的过程，对中国设计而言，奥运会是一个契机，是一个舞台，是一次让中国设计呈现一个新面貌的机会。

1964 年东京奥运会海报。

北京 2008 年奥运设计与随之带来的机遇是国内设计师十分关注的，它涉及的中国设计本土特性、民族性与国际性的思考，也是当时中国设计界十分关心的议题。奥运是一项国际体育盛事，也是一场文化盛典，是奥运会举办城市、举办国家彰显自己独特文化、历史的难得机会。从我们参与奥运设计之始，就有一个很明确的目标：将中国理念与奥林匹克精神完美结合；将中国传统文化与现代审美完美结合；创造出独特的具有中国色彩和中国风格的设计；用我们的设计激励运动员；通过我们的设计让奥运观众留下难忘的奥运经历；让我们的设计成为奥运遗产。我们一直坚守这样的设计理念：北京 2008 年奥运会的形象设计应该是具有浓郁中国气质、中国精神、中国风格，同时又是具有时代感的、当下的设计。我们是在为一场国际体育运动会做设计，在弘扬中华文明的同时，我们也不能仅仅把奥运会做成中华文明展，我们的设计要让来北京奥运现场的观众，以及电视前的 40 亿观众共同有一个美好的奥运体验，这就要求我们的设计用国际通用语言叙说中国故事，在讲述中国故事的同时体现奥林匹克精神，实现设计功能的需求。

1988 年首尔奥运会海报。

要做到这些，需要在长达 5 年的漫长奥运设计过程中，自始至终有一个清晰的目标与明确的方向，时时把握尺度，平衡传统与现代、中国与世界、体育与艺术、功能与审美、梦想与现实，现有的决策机制与艺术家自由精神等之间的关系与尺度。在几年为奥运设计的过程中，我不断向自己、向我们的团队成员提出这些问题：如何将奥运精神与中国理念相结合？如何连接传统与现代？如何创造出独特的中国色彩与形式？如何去感动成千上万的人心？如何带给运动员与观众美好的体验？几年的奥运设计过程是不断提醒、反省、提高的过程。今天回想起来，尽管整体奥运设计上还有些遗憾，我们还可以做得更好、更精、更到位，但是有一点我们应该满意，即北京 2008 年奥运设计实现了将奥运精神与中国理念相结合的诉求，连接了传统与现代，展现了独特的中国色彩与形式，比如奖牌与单项体育标识。这在国际上是大家公认的，在多次国际设计会议上都听到同行们的赞赏。2010 年美国《纽约时报》的网站上发布了著名设计评论家斯蒂夫·赫勒的关于奥运单项体育标识的节目，其中提到北京的体育图标具有独特的文化特色，是出色的设计。

北京申奥多媒体陈述报告部分截图。

中央美术学院奥运艺术研究中心

北京奥运形象景观规模之大，涉及范围之广，涉及人员之多，操作时间之长，应该说这是在中国前所未有的一项形象与景观设计工程。从 2003 年起，中央美术学院设计学院大批的教师与学生有幸参与了这项工作，也为此付出了大量的心血，所取得的成就是历史性的。我们有可能做到这一点，与我们有一个参与奥运的平台——中央美术学院奥运艺术研究中心，有一个将教学与社会设计实践结合的机制有很大关系。

2001 年，我受邀回国为北京奥申委设计多媒体申奥陈述报告。作为一个熟悉东西方设计语言，有着二十年在欧美的学习、教学与工作的经历，特别是具有在跨文化领域信息传达设计经验的设计师，十分适合也有幸能为北京做申请奥运的形象设计，做 2001 年 7 月 13 日北京奥申委在莫斯科国际奥委会全会上的申奥多媒体陈述报告的设计。参与申奥的工作让我重新认识我离开二十年的中国，我很想借参与奥运设计的机会来为中国设计教育、为中国设计崛起做点事，尤其是不想错过参与奥运设计这个难得的机会，所以申奥设计过程中曾向刘淇书记与刘敬民副市长许诺：申奥成功后回国参加奥运设计。2003 年回国后即开始任教于刚成立的中央美院设计学院并任院长。其时中国设计教育正在大发展的重要时期，为了能够在推动设计教育发展的同时做奥运设计，我在中央美院领导与北京奥组委的支持下，成立了奥运艺术设计研究中心，当时潘公凯院长、杨力书记、谭平副院长等领导都亲自参与了筹备工作。由中央美院这所中国最高艺术学府成立机构为北京奥运会的设计作研究并提供服务对北京奥运是件很好的事情，但筹备与成立还是经历了巨大的困难，特别是为了得到北京奥组委与国际奥委会的批准并非易事，这之前世界上只有几个与奥运相关的研究机构，以形象与景观设计为主的还没有。记得就在我们正式成立的前几天，中央美院的杨力书记还半夜三更帮助我去说服时任奥组委秘书长的王伟，第二天早晨又去找刘敬民与蒋晓愚副主席做工作，之后是王伟秘书长召开了包括法律部、市场部、文化宣传部在内的奥组委各部门领导的办公会，当场打电话去国际奥委会请示并得到批准。

研究中心自 2004 年 1 月成立之后，先后完成了奥运会体育图标、“金镶玉”奖牌、火炬接力景观、奥运景观等大量的设计，中心也先后完成了北京 2008 年奥运会几乎所有形象与景观相关的标准制定与指南的设计。这是奥运历史上首次由学校老师、学生参与完成如此重要的设计，奥运形象与景观设计被称为世界最大的设计项目，从来都是由国际知名大设计公司完成的，我们能够做到这些有几点是关键：1. 奥运设计是专业性很强，要求特殊的复杂工程，它要求设计师不仅有很好的设计能力，还要有对奥运理念的深刻理解，有对往届奥运会的研究，有对体育竞赛的知识。开始时我们的学生和老师并不具备这些，所以在参与奥运设计的初期让学生与老师花费很多时间研究奥运形象与景观，了解奥运理念，我为此还去了雅典取经，现场详细了解形象与景观的设计过程、制作过程、管理过程，回来后为大家作了详细介绍，后面我们能够在一次次的奥运设计竞标中胜出与此有很大关系，因为前期我们作了充分的准备，所以在设计中可以正确把握尺度，正确建立设计的目标与方向。2. 学生可以有很好的创意，有新鲜的想法，但学生参与这种历时很长的项目有困难，他们不能一直在团队内，他们有课程要上，他们几年就要毕业离开学校，但奥运设计需要十分专业的成果，也需要专业的经验，我们奥运中心配备长期工作的设计师，他们是研究生或已毕业的学生，他们的参与确保了设计的专业性。3. 学校的首要任务是教学，是培养学生，参与奥运不能妨碍教学，相反应该变成对教学有帮助的社会设计实践，这样我们才会在 5 年的时间内不间断地参与奥运设计，同时提高了我们的教学与研究水准。今天，当我们重新回顾奥运设计的历程，十分欣慰的是，我们不仅圆满完成了这项重要的设计任务，还培养了一批优秀的设计人才。这次主要参与编写、设计这套丛书的几位奥运中心的核心团队人员——陈慰平、王捷、胡小妹、王雪皎，开始参与设计奥运项目时都还是学生，今天陈慰平、王捷已经是中央美院的教师，胡小妹是在读博士生，王雪皎目前在北京一所大学任教，他们都已成为优秀人才！其他很多参与奥运设计的美院毕业生正在将他们参与奥运设计所得到的经验运用到设计实践中，并且卓有成效！特别需要一提的是，北京奥运会结束后，在奥组委工作的胡小妹收集、整理了大量景观文件，这些各个时期的基础资料与往来信函，成为我们在本套丛书中回想、梳理、研究整个北京奥运形象设计系统与实施框架的重要基础。

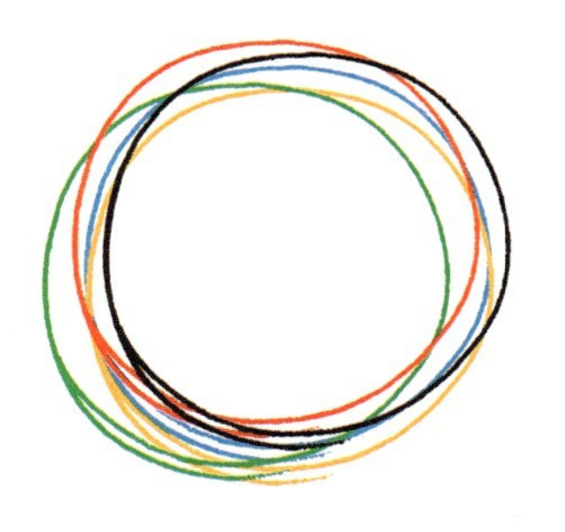

中央美術學院 | 奥运艺术研究中心
China Central Academy of Fine Arts | Art Research Centre For Olympic Games

奥运艺术研究中心先后有多人参与管理工作，成立初期是由我做主任，宋协伟、许平、马刚、黄克俭、王子源等人做过副主任。宋协伟在早期的项目中做了大量工作，从艺术指导到组织工作发挥了很大作用，后来因为出国学习不能继续参与中心工作。宋协伟出国后，王子源在很长一段时间内担任副主任，主持日常工作，为中心的建设作了很多前期铺垫，直到杭海 2006 年接任。杭海担任副主任，后为常务副主任至今，多年来为中心工作贡献很大，这是大家有目共睹的。2003 年的夏天，奥运中心成立之前，为了开始奥运的设计工作，谭平院长建议让林存真来辅助我做奥运项目，所以林存真是中央美院最早开始介入奥运设计项目的老师，后来她又去奥组委工作，为奥运设计工作长期奉献，做了大量工作。2003 年的夏天，宋协伟、刘治治、何君、广煜最早介入做奥运会徽使用指南，后来晋华、许平等人陆续参与。中央美院前后有很多人参与这项工作，很多人多年来为奥运、为中心默默地奉献，不是为了报酬，不是为了荣誉，这是另一种奥运精神！希望在这套丛书里，我们起码能将这些人的奉献留下记载。多年来，中心也得到中央美院各方的支持，他们为我们顺利完成这么多设计项目护航，包括几位院领导大力支持，当时的范迪安院长还亲自出面为我们的色彩项目向奥组委作陈述报告。中心也为北京奥组委输送了人才，多人去奥组委工作，林存真担任了形象景观设计处副处长，陈慰平参与了火炬接力景观工作，胡小妹、高鹏和段雅婷在形象景观设计处，我担任了形象与景观艺术总监。中心也承担了其他许多重要设计项目，2011 年深圳世界大学生运动会的形象与景观工作便是由中心来完成的，运用奥运的设计经验，我们为大学生运动会设计了与北京奥运风格极为不同的形象，突出了青春活力，展现了一个南方崭新大都市不同的精彩。

2004 年 1 月 6 日，奥运艺术研究中心成立现场。

在研究中心几年的工作中，特别值得提到的是中央美院谭平副院长不仅一直大力支持、参与我们中心的工作，他本人也参与了大量奥运的工作，从早期作为会徽的评委到后来多次参与奥组委的设计评审工作，以及参与了很多中央美院奥运项目的指导，像对中央美院团队奖牌设计与火炬设计的指导与参与。我们的“金镶玉”奖牌方案被采纳，人们很熟悉，火炬方案没有被应用，但作为设计方案，我们一直引以为豪，进入终评，排在第二位的中央美院基于中国古代乐器的设计既具有十分民族味、敦厚圆润的造型，又具有极好的功能性，文化内涵与实用性完美地结合在一起。谭平副院长的参与与指导对于奥运艺术研究中心的工作起到了很大的促进作用。

这里摘取一段有关奥运中心的简介：“中央美术学院奥运艺术研究中心是唯一经北京奥组委同意、由中央美术学院设立的一个旨在创造北京奥运良好艺术与人文环境的艺术与设计学术

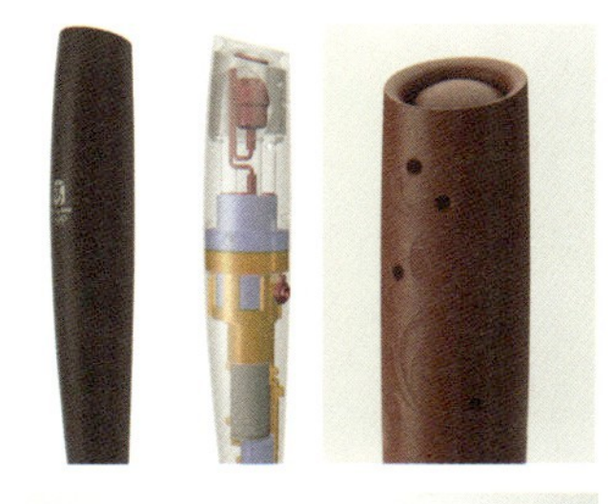

中央美院的火炬设计方案。

研究、创作及咨询服务机构，也是全国唯一的奥运艺术研究与发展中心，于2004年1月6日在中央美术学院成立。中心主任为王敏，杭海为常任副主任。中心的服务口号是‘为北京奥运’积极配合第29届奥林匹克运动会的筹备工作，从事与奥林匹克运动及第29届奥林匹克运动会有关的视觉形象系统相关设计的研究及开发，开展奥林匹克理念与形象常识的普及宣传，配合奥组委完成各项形象系统的设计、管理及质量监控工作，定期举办奥运与人文艺术、奥运形象与景观等专题的研讨、展览等普及宣传活动，并将奥运艺术与设计项目融入中央美术学院的教学与科研内容中，积极探索艺术与设计教学和科研与北京奥运融合的各种方式与可能。中心已经顺利完成多项奥运设计项目，如奥运会/残奥会奖牌设计、奥运会/残奥会体育图标设计、奥运会色彩系统设计、奥运会核心图形设计、奥运会形象景观KOP系统设计、奥运会火炬传递核心图形设计、奥运会/残奥会火炬传递形象景观系统设计、奥运会/残奥会门票设计、奥运会注册卡设计、奥运会导示系统设计、奥运会/残奥会官方海报设计等。中心在北京奥运会结束后继续进行与奥运会相关的学术研究工作，并有针对性地对国内外大型活动项目进行规划、开发、研究、设计等工作。”

中央美术学院奥运设计团队是一个让我为之骄傲的团队，奥运艺术中心集聚了我们的资深教授与老师，又有一批极为优秀的学生，这是一个国际水准的团队。国际设计师协会联盟（ICOGRADA）副主席大卫·伯曼（David Berman）在看了中央美院师生的奥运作品之后激动地说：“2008北京奥运会的视觉传达设计由北京中央美术学院的一组设计学生和老师来完成。我很幸运受邀观看了其中的一些设计，这些作品完全让我以为是在洛杉矶的一家顶级设计事务所完成的，产品和过程都是如此。世界上最广为人知的标识掌握在一群卓越人士的手上，于是我开始集中思考他们的教育体系的优点。”

王敏

2012年9月

北京 2008 年奥运会设计评述

我有幸在 2008 北京奥运会会徽发布后不久认识了王敏。很快，我们开始了一段长达五年的合作，这让我有机会与中央美术学院的设计团队及其中很多有天赋的学生一起密切合作。对于王敏的设计才干，我是知道的，但实话实说，当我听说一所设计学院将会承担起设计世界上规模最大、曝光度最高的设计挑战——奥运会的形象设计时，我是很担心的。与从未接触过系统设计思维的年轻设计师一起工作，而工作内容则是在各式各样的运用中表达一个贯通的主题，这似乎不太可能取得成功。但最后不但证明我错了，而且我还为最终的作品所打动。中央美术学院团队所表现出的天分、干劲和毅力完全可以与我所合作过的最优秀团队相比肩。

布拉德 · 科普兰

国际奥委会形象景观顾问

我用几个标准来衡量奥运设计。它有没有解决问题？它是否具有弹性，能够在各种应用和媒介中应付自如吗？它是否有文化内涵？它是否适用于奥运会？最后，它能否达到增强转播的效果？祥云是北京奥运的核心图形，它是所有奥运场馆应用的基础，从祥云的设计开始，王敏的团队创建了一个涵盖很多且最重要的奥运设计元素的设计系统。依我看来，北京 2008 年奥运会体育图标设计是迄今最好的设计之一，它以现代、简洁的形式捕捉到一种中国传统的艺术形式，既能大幅面出现在多数设计应用中，也能小幅面使用，用于功能性设计之中如日程表和导视系统等。

衡量奥运设计的另一个途径是原创性，即这个设计是否是奥运会首次使用。北京 2008 年奥运会奖牌显然达到了这种状态，而这是非常不容易的。国际奥委会（IOC）对奖牌的设计参数有相当严苛的要求，奥运奖牌的正面每届都必须保持一致，所以能够让设计者发挥创意之处只有在背面。中央美术学院的团队并未将此当作一种限制，而是看作一种机遇。他们将一片玉环嵌在每块奖牌的背面，这是奥运奖牌上第一次使用两种材料的设计，不仅独一无二，而且在文化上也是有渊源的，这是真正的奥运会首创。

奥林匹克海报一直备受国际奥委会的重视，它们也是最重要的奥林匹克收藏品之一。由中央美术学院团队所设计的北京 2008 年奥运会的海报在过去十年间所出现的最优秀体育海报中占有无可争辩的一席。

当我在 2003 年展开与北京奥组委合作的个人历程之时，如何创建一个代表“新中国”的形象是每个人都在首先思考的问题。中国的历史源远流长，应该用什么样的概念，它应该以何种视觉效果呈现？它能否避免陈词滥调？它如何与奥林匹克运动的价值与理想相关联？最终，这届奥运会的主题定为“同一个世界 同一个梦想”，它引领了“祥云”图形的产生，捕捉住了奥林匹克运动与中国人民所共有的价值观。通过多维色彩的表达，这种来源于中国的丰富遗产，以现代的流动色彩渐变呈现，奥运会形象景观改变了这座城市，向中国和世界传达了一幅清晰的图景，一幅关于中国设计的力量和未来的图景。

布拉德 · 科普兰（Brad Copeland）

2012 年 9 月

北京 2008 年奥运会设计评述

西奥多拉 · 玛莎里斯
雅典奥运形象景观设计创意总监
北京奥组委品牌顾问（2004-2008）

北京 2008 年奥运会的设计为奥林匹克运动提供了一个价值非凡的设计遗产。其卓越之处不仅在于强大的战略基础和出色的创意，更在于它既完美呈现了奥林匹克的固有理想，又向世界成功传达了“中国欢迎您”的信息。

北京奥运会的会徽是一个中国印，以一个汉字的形式表现一名运动员。它讲的是一种非常国际化的语言，这种语言，来自全世界的人们都能理解和领会。

“祥云”这种视觉元素是所有视觉应用的醒目背景。它充满视觉能量与和谐，诗意与宁静地表达在各个场馆，营造出一个典雅、独特、智慧的节日氛围，它是对运动员们的真正激励。

体育图标是奥运会最为重要的设计应用之一。为北京 2008 年奥运会所设计的体育图标是现代奥运会最好的设计之一，其灵感源自中国不同地区发现的岩洞雕刻。黑白的设计诠释了体育图标的原始含义，又表现出雕刻拓印在纸上的样子。它们有渊源，充满文化意蕴和审美平衡，同时高度功能化。这是一套强烈的、视觉平衡的、永远不会过时的体育图标，在未来若干年内都将是被学习的样本。

北京 2008 年奥运会体育海报是一套具有突破性创意的设计佳作。它使用了体育图标和动态的运动员形象，沿用体育图标拓片的形式，以黑白画面表达。北京再一次将海报制作的艺术提升到一个新高度，提供了一套精彩的、足以创造奥运会设计历史的、独一无二的体育海报。

奖牌设计的开创性概念是将玉这种原产于中国的石头镶嵌在奖牌中。玉给奖牌带来一种特殊的品质，在奥运运动员的家乡以及在洛桑奥林匹克博物馆的奖牌收藏中，这套奖牌都是极具价值的中国文化大使。

为奥运会创建并实施一套形象是一项困难重重的艰巨任务，但在王敏这位极具创造性的专业人士的领导下，整个项目的实施和完成都是世界级的。

北京 2008 年奥运会的设计具有一种强烈的视觉特征，文化意蕴无处不在。每一种应用的背后都可以找到一个出自中国历史的传奇故事，以此而言，这一作品在整体上堪称奥运设计家族中的一个杰作。

西奥多拉 · 玛莎里斯（Theodora Mantzaris）
2012 年 9 月 14 日

目 录

Contents

◎ "Look" 为奥林匹克品牌视觉系统专用名词。

北京 2008 年奥运会火炬接力形象景观系统设计团队成员名单

[项目名称] 北京 2008 年奥运会火炬接力形象景观设计

[起始时间] 2006 年 5 月 至 2008 年 3 月

[项目总监] 王敏

[设计总监] 杭海 / 陈慰平

[主要成员] 林存真 / 胡小妹 / 王兮 / 李平 / 孟洁 / 吴颜 / 隋欢 / 王佳萌 / 牛静 / 张嘉艺 / 李征

[项目概述]

2006 年 5 月，受北京奥组委火炬中心委托，中央美术学院成立北京奥运火炬接力形象景观系统设计团队，王敏院长任项目总监，杭海副教授、陈慰平老师任设计总监，团队成员由奥运艺术研究中心设计师组成。

设计之初，杭海副教授将传统凤纹加入“祥云”核心图形，以“凤穿祥云”作为火炬接力核心图形的主题，以契合北京 2008 年奥运会火炬接力“和谐之旅”的主题。之后各类火炬接力形象景观设计项目陆续启动，包括火炬接力服装，车队，专机，火炬接力途经境外各国、各地区与国内各省、自治区、直辖市的城市形象景观，以及火炬接力珠峰形象景观等系列项目设计。

因北京奥组委火炬中心工作需要，陈慰平老师于 2007 年 8 月 28 日带领八名中央美院团队成员进驻北京奥组委火炬中心，投入火炬接力形象景观应用设计工作。

2007 年 11 月，北京奥组委火炬接力中心召开北京奥运会火炬接力形象景观设计汇报专题会，在中央美院团队提交方案的同时，大众汽车奥运形象设计团队也应邀提交了设计方案，之后北京奥组委执委会通过了中央美院设计方案。

在火炬中心的直接领导与中央美院奥运艺术研究中心的全力支持下，最终团队克服时间紧、任务重的困难，圆满完成北京奥运火炬接力形象景观系统设计任务。

2008 年 1 月 16 日，北京 2008 年奥林匹克火炬接力景观设计在北京奥运新闻中心公布。设计方案以火炬接力标志、主题口号、核心图形和色彩为基础，以凤纹、祥云为创意来源，与北京奥运会景观系统协调一致。设计方案视觉效果独特，明显区别于往届奥运会，充分体现了中国传统文化，并富于时代特色。

左页图：团队成员在奥运艺术研究中心讨论火炬接力形象景观系统的工作计划。从左到右分别为鲁璐、陈慰平、李征、孟洁、张嘉艺、杭海、王璐、李平、吴颜。

北京 2008 年奥运会火炬接力形象景观系统组织结构图

基础元素体系

1. 火炬接力标志

主要运用于北京奥运会、残奥会火炬接力景观及途经城市景观。

2. 奥林匹克五环标志、国际残奥委标志

主要用于奥运会、残奥会火炬接力景观、城市景观系统、火炬接力相关产品开发和奥运文化活动等。

3. 奥运会会徽、残奥会会徽

主要用于城市景观系统、奥运相关产品开发和奥运文化活动等。

4. 合作伙伴

用于火炬接力景观。

5. 主题口号

“点燃激情 传递梦想”（右图）作为北京 2008 年奥林匹克运动会火炬接力口号的专用字体，是火炬接力形象景观的重要组成元素，该口号固定，禁止使用其他字体或字符。

6. 主题文字

“和谐之旅”、“Journey of Harmony” 作为北京 2008 年奥林匹克运动会火炬接力的主题口号，使用时必须与“北京 2008 年奥林匹克运动会火炬接力 Beijing 2008 Olympic Torch Relay" 文字同时出现。

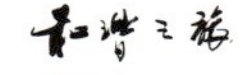

7. 火炬接力图形

火炬接力图形“凤穿祥云”，由凤纹与祥云纹组成。

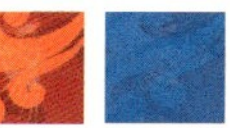

8. 地图

境内、境外传递路线图。

9. 火炬接力吉祥物“欢欢”

欢欢火炬造型，在使用时，只能以如右图所示的欢欢举火炬造型使用，不得使用其他吉祥物形象，或是任意修改欢欢举火炬造型。

规范手册

《北京 2008 年奥运会会徽规范管理手册》
《北京 2008 年残奥会会徽规范管理手册》
《北京 2008 年奥林匹克火炬接力形象景观技术手册》
《奥林匹克五环标志使用规范》
《火炬接力标志使用规范》
《火炬接力主题口号使用规范》
《火炬接力字体使用规范》
《火炬接力核心图形使用规范》

景观应用体系

1. 火炬接力服装设计
   - 火炬手服装
   - 护跑手服装
   - 工作人员服装
2. 交通工具设计
   - 运行车队
   - “圣火号”飞机
3. 证件设计
4. 路标和手持路标
5. 场地环境
   - 起跑仪式场地环境
   - 新闻发布会场地环境
   - 休息点场地环境
   - 庆典仪式场地环境
6. 城市景观
   - 旗帜
   - 围挡
   - 楼体条幅
   - 桥体装饰
   - 户外广告
7. 珠峰景观

传递圣火
奉献关爱
lenovo

火炬接力传递现场。

《尚书·益稷》:“箫韶九成,凤皇来仪。”雄为凤、雌为凰,雌雄唱和表示阴阳相和、吉祥如意,“凤”与中国礼乐传统深度关联,“凤”是和谐之象。

凤与火——北京 2008 年奥运会火炬接力形象景观系统设计

奥林匹克火炬接力是奥运会的前奏，是古代奥运会和现代奥林匹克运动之间强有力的连接。火炬接力在 100 多天的传递活动中传播奥林匹克精神，传播友谊与和平的信息，点燃人们对奥运会的激情。火炬接力是主办国奥组委提升公众对奥运会的认知度和创造宣传点最有力的工具，火炬接力使主办国的人民有机会全面感受奥运会的力量。

北京 2008 年奥林匹克火炬接力形象景观设计主要包括火炬及延展设计、运行车队和飞机设计、火炬接力服装设计、火炬接力场地环境设计和城市景观设计五个部分。

火炬接力核心图形是北京 2008 年奥运会火炬接力形象景观的重要构成元素之一，它与火炬接力标志、字体、口号、色彩等一起构成北京 2008 年奥运会火炬接力形象景观的基础元素。这些元素及其组合被应用于各类火炬接力形象景观设计之中，包括火炬接力服装，车队，宣传品以及火炬接力途经境外各国、各地区与国内各省、自治区、直辖市的城市形象景观设计，创造北京 2008 年奥运会火炬接力独特的视觉形象，传播中国文化和火炬接力主题，营造火炬接力运行环境和途经城市的欢庆气氛，烘托奥林匹克圣火的纯洁与神圣，激励火炬手、护跑手，提升人们对北京 2008 年奥运会火炬接力的体验，同时为北京 2008 年奥运会火炬接力的记录与传播提供视觉背景，将火炬接力的精彩画面传播到世界各地。

北京 2008 年奥运会火炬接力的核心图形是连接其他火炬接力形象元素的纽带，其设计原则要求与北京奥运整体形象景观协调一致，同时又能有所突破，有火炬接力的自身特点，体现北京 2008 年奥运会火炬接力“和谐之旅”的主题。

北京 2008 年奥运会火炬接力主题是“和谐之旅”，“和谐”与奥林匹克让体育运动为人类和谐发展服务的宗旨深度契合，深刻体现了当代中国构建和谐社会，主张和平发展、和谐发展、合作发展的理念，表达不同文明相互尊重，建设一个持久和平、共同繁荣的和谐世界的理想，体现了中国传统文化追求天人和谐、人际和谐、身心和谐的思想，有强烈的中国特色，并体现了北京奥运会三大举办理念和“同一个世界 同一个梦想”主题的内涵。

在北京奥运核心图形的应用开发阶段，我们曾尝试过在“祥云”核心图形中穿插其他图形或图片，以丰富核心图形的内涵与表现力，适应不同奥运环境的实际需要。在这一过程中，我们将传统纹样加入“祥云”图形之中，获得较好的效果。在接到北京奥组委火炬中心的设计委托之后，我们就决定以这种方式来进行火炬接力核心图形的创作。经过一段时间的尝试之后，杭海副教授决定将传统凤纹加入“祥云”核心图形，以“凤穿祥云”作为火炬接力核心图形的主题，以契合北京 2008 年奥运会火炬接力“和谐之旅”的主题。

在中国，从古至今，图像具有很强的象征性与多义性，北京奥运火炬接力核心图形，作为国家重大公共形象设计，其形象主题的确立，需要经过严谨而审慎的研究与论证。设计团队所做的工作，首先是对“凤”与“和谐”关系的历史梳理。

《尚书 · 益稷》:“箫韶九成，凤皇来仪。”“韶”为舜乐名，是礼乐文化最高境界的音乐体现，韶乐九成而致凤皇，凤的出现是礼乐兴盛、天下太平的瑞兆。又《昭明文选》:“黄帝制十二管，以听凤凰之鸣，其雄鸣为六律，雌鸣为六吕，谓之律本。”《山海经 · 南山经》:“有鸟焉，其形如鹤……名曰凤凰。……是鸟也，自饮自食，自歌自舞，见则天下安宁。”黄帝以凤凰之鸣为六律六吕古乐十二调的缘起，以及有凤来仪、天下安宁的传说，意味着“凤”与中国礼乐传统缘起的深度关联。雄为凤、雌为凰，雌雄唱和表示阴阳调和、百合祥瑞，凤凰是和谐之图像。

"凤"为百鸟之王，由朱雀演化而来，在中国五行学说中，朱雀属南方，属火，凤是火的象征。"凤凰涅槃，浴火重生"，"凤"作为火的化身是人类自强不息的精神象征。

"凤"所具有的这些内涵与跨文化特征满足了北京奥运火炬接力形象主题的基本需要：1. 具有中国传统文化特征；2. 与圣火相关；3. 在东西方语境中没有太大的差异或负面意义。

“乐者，天地之和。”乐在中国古代是“和”的象征也是致和的主要手段。乐关乎人的心性与道德，而人的心性与道德又关乎天地自然之道。乐的提倡在古代中国并不是娱心乐耳，恣情快意，而是正心、教化、治国、平天下的需要，乐在礼乐传统中是增进和解、弱化矛盾、弥合裂痕的润滑剂。

“凤”与“乐”的关联让“凤”成为中国传统和谐理念的典型图像象征，而北京奥运火炬接力的主题正是“和谐之旅”，和谐主题与圣火的关系演化为凤与火的视觉呈现。

在中国，凤为百鸟之王，由朱雀演化而来。在中国五行学说中，朱雀属南方，属火，是火之精灵，火之图腾。宋曾慥在《道枢》中曰：“四神者，白虎金也，青龙木也，玄武水也，朱雀火也。”《周易参同契》中曰：“朱雀为火精，执平调胜负。”凤是火的象征。

而西方世界的凤（phoenix），源自古代埃及，是埃及神话中与太阳崇拜相关的神鸟，这种生长于阿拉伯沙漠中的神鸟，每五百年即自焚化为灰烬，再从灰烬中重生，循环往复，以至无穷，是永生的不死鸟 。“凤凰涅槃，浴火重生”，这就意味着凤作为火的化身、人类自强不息的精神象征在世界范围内具有通识。

“凤”所具有的这些内涵与跨文化特征满足了北京奥运火炬接力形象主题的基本需要：1. 具有中国传统文化特征；2. 与圣火相关；3. 在东西方语境中没有太大的差异或负面意义。这也许就是同为中国最重要的图腾符号，“龙”与“凤”纹样在奥运形象设计中命运迥异的内在原因。

图像象征作为一种观念与价值的视觉体现与伸张，它的存在不仅取决于象征元素本有的意义与价值，更为重要的是，是否能生发出合乎当下国际政治趋势与文化潮流的价值与内涵，在象征的表象下面是话语与话语间的权力平衡。在这一复杂而多变的平衡过程中，中国传统文化资源的丰富性与复杂性，以及在备战奥运的整个过程中，内外部环境所充满的不确定与偶发因素，让从事具体工作的设计师、专家、官员对项目的定位、修正、审核与决策变得异乎寻常的艰难与审慎，这是因为所有的形象体现不仅与文化艺术相关联，在一个全球瞩目中国的特殊时刻，所有的呈现、所有的细节最终都与树立怎样的国家形象相关联。

在北京奥运火炬接力核心图形主题确认为“凤穿祥云”之后，杭海副教授对历代凤纹的资料进行研究，最终选择了明末秦良玉红绸盘金绣花蟒凤纾衣上面的凤纹为视觉来源。

“凤穿祥云”作为“祥云”核心图形的再设计项目，央美团队延续了早期“祥云”图形的色彩倾向与设计惯性，再次采用“祥云”核心图形的透叠方式来处理“凤”与“云”之间的关系，可以想象，在原本就已非常复杂的祥云核心图形的基础上再加上全色的凤纹，调图难度极大，要想保持微妙的色彩关系，就不可能保持足够的色彩反差，而没有足够的反差，图像的清晰度及力度就会受到影响。

北京奥运火炬接力核心图形主要的运用环境是户外与电视转播，再加上火炬接力车队、火炬手、护跑手运动的动态性质、全球接力环境、气候的复杂性以及长达六个月的接力时间等因素，都要求火炬接力图形及色彩能够最大限度地做到简化、清晰、易表现、易制作，唯有如此才能给全球观众以明确的印象与深刻的记忆。这其实是公共环境视觉设计的基本原则，也是电视转播画面的基本要求。

最终定稿的火炬接力核心图形基本实现了央美团队的色彩理想，但图形的明度反差存在一定的问题。一度团队曾想过将凤纹矢量化，但矢量化的色彩与原有的色彩质量相差甚远，虽然理性要求团队做矢量化的选择，强化图像反差，但追求完美的本能却迫使央美团队无法对色彩质量的下降进行妥协。在反差与质感的两难选择上，央美团队选择了质感。

户外图像与色彩设计的应用原则表明，要通过简化色彩与图形层次来保持足够的图像清晰度，使得户外图像与色彩具有足够的反差与视觉张力，才能在技术层面上适用于各种户外静态或动态传播介质；在应用层面上从户外环境所特有的多层次视觉噪声的喧嚣中脱颖而出。简单、

北京奥运火炬接力核心图形主题被确认为“凤穿祥云”，以契合北京奥运火炬接力的主题“和谐之旅”。

中国“凤”在经历了漫长的全球火炬接力之后，于 2008 年 8 月 8 日进入国家体育场“鸟巢”，完美演绎了“凤还巢”的历史神话。

直接、有力是户外图像及色彩设计最重要的要素，雅典奥运的核心图形的成功，正是由于从设计到技术均符合以上原则。

雅典奥运核心图形以雅典地貌俯瞰图为基本图形结构，其中结合了古希腊的文字、纹样等图形符号，称之为“Panorama”。需要特别指出的是，虽然“Panorama”的视觉来源与我们一样，同样源自古代文化艺术，但“Panorama”选取了更为抽象、更为符号化，因而也就更为简化的古代图案，无论是代表海水的水纹、浪花，还是代表太阳的圆圈以及代表希腊文明的古代字母，都呈现出最简化、最清晰的符号特征。在色彩处理方面，“Panorama”色彩采用了最简单的平涂手法，色彩及图形符号全部矢量化，不仅保证了大面积制作时的色彩管理质量及制作的效率，更为重要的是，具有高度简化特征的“Panorama”适应于各种介质与简单技术，从而提升了雅典核心图形在各类运用环境中的普适性，最大限度地保证了图形及色彩的视觉统一，也就保证了雅典奥运形象景观设计的高度统一。而特征明显、单纯有力的雅典奥运色彩与图形，不仅给全球参观者与电视观众以鲜明的视觉印象与深刻记忆，更为重要的是，在这一过程中，有力高效的视觉方式强化了奥林匹克品牌与雅典城市意象。雅典核心图形的成功值得我们借鉴。

凤，蕴含了联结古今、跨越中西、人类祈求和平永生的美好愿望，是中国传统和谐观的图形象征，是北京奥运火炬接力“和谐之旅”的最佳视觉体现。这是一个激动人心的图像，为了让北京奥运火炬接力形象景观能与北京奥运会形象景观系统保持一致，中央美院设计团队持续奋战，从2007年8月到2007年10月间陆续完成火炬接力珠峰景观设计、火炬接力运行车队设计、火炬接力专机设计、火炬接力庆典仪式景观设计等项目。

“凤穿祥云”从一开始就受到奥组委火炬接力中心的高度认可，并最终被确定为北京奥运火炬接力核心图形。然而在具体的图形运用方式上，双方却有分歧，中央美院团队认为应该沿用“祥云”核心图形的切割运用管理方式，来运用管理“凤穿祥云”的火炬核心图形的使用，以期从内容到形式、到具体运用方式都能与北京奥运整体形象景观保持一致。而火炬接力中心则希望我们不囿于“祥云”，而在图形选择与应用管理上能有大的突破。这种在奥运形象景观统一与创新问题上的理解差异是正常的，但最终的判断则关乎北京奥运形象景观的视觉统一问题。

2007年11月，北京奥组委火炬接力中心召开北京奥运会火炬接力形象景观设计汇报专题会，在中央美院团队提交方案的同时，大众汽车奥运形象设计团队也应邀提交了设计方案。

我们提报的方案以火炬接力核心图形“凤穿祥云”为主题，贯穿于机身、车队、旗帜、围栏、背板、服装等每一项具体设计之中。设计的基本原则是：根据国际奥委会对北京奥运形象景观工作的基本要求，火炬接力形象景观作为子系统应与北京奥运整体形象景观系统协调一致，应沿用“祥云”核心主题的既定风格及色彩体系做延展应用设计，而不是另做全新设计。之后，大众汽车设计团队代表介绍了他们的设计方案“梦想之路”。评审会结束几周之后，我们接到火炬接力中心的通知，北京奥组委执委会通过了中央美院的设计方案。

北京奥组委执委会根据国际奥委会所规定与倡导的奥林匹克形象设计原则以及北京奥运形象景观的实际需求，给出了最终的决定。这一决定，维持了奥运火炬接力形象景观与北京奥运整体形象景观系统保持统一的原则，实现了北京奥运形象在火炬接力运行环境中的视觉统一。让中国“凤”在经历全球火炬接力之后，于2008年8月8日进入国家体育场“鸟巢”，完美演绎了“凤还巢”的历史神话。

“凤穿祥云”设计缘起

2006 年 5 月，受北京奥组委火炬中心委托，中央美院成立北京 2008 年奥运会火炬接力形象景观设计团队，团队由王敏院长任项目总监，杭海副教授与陈慰平老师任设计总监，带领中央美院奥运艺术研究中心的设计师投入设计工作。

火炬接力核心图形是北京 2008 年奥运会火炬接力重要的形象元素之一，它与火炬接力标志、色彩、口号等一起构成北京 2008 年奥运会火炬接力形象景观基础。这些元素将应用于火炬接力景观设计，包括火炬接力服装、火炬接力车辆以及火炬接力沿途境外各国、各地区，国内各省、自治区、直辖市的城市景观设计，如旗帜、围栏、广告牌等。

北京 2008 年奥运会火炬接力核心图形是连接所有其他火炬接力形象元素的纽带，其设计原则要求与北京奥运整体形象景观协调一致，同时又能有所突破，有火炬接力的自身特点，而这一“突破”的方向最终被定义为对奥运核心图形进行再设计。

设计之初，团队将火炬核心图形的创作定义为北京奥运“祥云”核心图形的延展设计，以保证北京奥运火炬接力形象景观与北京奥运整体形象景观系统保持统一。

在北京奥运“祥云”核心图形的应用开发阶段，我们曾尝试过在“祥云”核心图形中穿插其他图形或图片，以丰富核心图形的内涵与表现力，适应不同奥运环境的实际需要。在这一过程中，我们将传统纹样加入到“祥云”图形之中，获得较好效果。在接到北京奥组委火炬中心的设计委托之后，我们就决定以这种方式来进行火炬接力核心图形的创作。经过一段时间的尝试之后，杭海副教授决定将传统凤纹加入“祥云”核心图形，以“凤穿祥云”作为火炬接力核心图形的主题，以契合北京 2008 年奥运会火炬接力“和谐之旅”的主题，此举获得奥组委火炬中心的认可。

左页图：在“祥云”图形中加入蝴蝶与龙纹剪纸。

◎在北京奥运核心图形“祥云”应用开发阶段，中央美院设计团队尝试在“祥云”图形中加入传统纹样，获得较好效果。

上图：设计团队在核心图形“祥云”中加入各种风格的传统纹样，研究传统吉祥纹样的寓意，找寻与火炬接力“和谐之旅”主题的结合点。

秦良玉红绸盘金绣花蟒凤纾衣

在北京奥运火炬接力核心图形主题被确认为“凤穿祥云”之后，杭海副教授对历代凤纹的资料进行研究，最终选择了明崇祯皇帝御赐秦良玉红绸盘金绣花蟒凤纾衣下摆上的凤纹为视觉来源。

蜀女秦良玉是明末战功卓著的民族英雄、军事家、抗清名将。崇祯二年（1629年），皇太极攻榆关不入，率军绕道长城喜峰口，攻陷遵化，抵北京城外，次年又向东攻占永平、滦州、迁安三城，兵临城下，明廷大震。秦良玉奉命进京勤王，出家财济饷，星夜兼程，直抵宣武门外屯兵。最终迫使皇太极连弃滦州、永平、迁安、遵化四城，撤围而去。崇祯皇帝优诏褒美并赋诗旌其功:“蜀锦征袍手剪成,桃花马上请长缨。世间多少奇男子,谁肯沙场万里行。”北京奥运火炬接力核心图形最终选择这样一位彪炳史册的巾帼英雄的纾衣上的凤纹图案，不得不说是机缘巧合、意味深长。

左页图：魏辰峰同学在重庆博物馆拍摄现场工作。
◎“秦良玉红绸盘金绣花蟒凤纾衣”作为重庆博物馆镇馆之宝，拍摄时严禁悬挂，以防损伤，所以摄影师只能平放摆拍。

上图：明末秦良玉红绸盘金绣花蟒凤纾衣，重庆博物馆藏。
◎纾衣立领，红缎绸地，盘金绣蟒凤式样。胸前正中绣金四爪蟒，两袖皆绣彩凤。下摆彩绣对凤及寿山福海纹。

“凤纹”与“云纹”的结合设计

选择凤纹作为北京奥运火炬接力核心图形与“凤”在中国传统文化中的特殊寓意有着密切的关系。自古以来“凤”与“龙”一样，是中国人民寄寓祝福和希望的最重要的传统图腾。凤凰者，雄为凤、雌为凰。雌雄唱和表示阴阳相和、吉祥如意，“凤”与中国礼乐传统深度关联，“凤”是和谐之象。《尚书·益稷》:“箫韶九成，凤皇来仪。”韶乐九成而致凤凰，显示了“凤”的出现是礼乐兴盛、天下太平的瑞兆。凤为百鸟之王，五行属火，是火之精灵。“凤凰涅槃，浴火重生”，是人类自强不息的精神象征。

凤纹确定之后，团队决定使用矢量云纹叠加凤纹的方式进行尝试。

我们再次采用透叠的方式来处理凤与云之间的关系，结果发现调图难度极大；要想保持微妙的色彩关系，就不可能保持足够的色彩反差；而没有足够的反差，图像的清晰度及力度就会受到影响。我们曾想过将凤纹矢量化，但出来的色彩与原有的色彩质量相差甚远。

北京奥运火炬接力核心图形主要的运用环境是户外与电视转播，运用介质有火炬制服、火炬接力运行车队、圣火号机身、城市景观等，此外，火炬在全球接力过程中环境气候因素、时间因素、文化宗教因素等都要求火炬接力图形及色彩能够最大限度地简化，传达明确的主题感念与视觉信息，同时要求景观元素易表现、易制作，才能让北京奥运火炬接力给全球亿万观众以明确的印象与深刻记忆。然而最终定稿的火炬接力核心图形就如同奥运核心图形一样，没有彻底解决图形的反差问题，有意思的是这次北京奥组委没有像对奥运核心图形“祥云”那样要求增大反差，大部分领导与专家都很欣赏“凤穿祥云”的优雅色调，称赞“凤穿祥云”图形简直像是一件艺术品。作为纸面设计，“凤穿祥云”的确体现出一定的色彩质量，但作为火炬接力形象景观户外运用的重要图形，“凤穿祥云”显然存有难以否认的弱反差、难辨识的视觉问题。

左页图：“凤穿祥云”的早期设计稿，保持凤纹的原有色彩，加入“寿山福海”纹样，之后去掉“寿山福海”纹样，只保留“凤穿祥云”。

上图（从左至右）：奥运核心图形“祥云”、去底的凤纹原稿。

“凤穿祥云”的色彩调试

火炬核心图形“凤穿祥云”在实际运用中要清晰、易于辨识，在与火炬接力标志、口号或图片结合时又需要能够协调多种元素与风格。团队首先对凤纹原图中过于突出的颜色进行了调整，使其色调可以融入到图形的整体调性之中。之后在进行凤纹与云纹的透叠设计过程中，发现图形的层次感及色彩反差弱化，远观看不清内容。可以想象，在原本就已非常复杂的“祥云”核心图形的基础上再加上全色的凤纹，调图难度极大，为了达到理想的效果，团队成员不断调整凤纹的明度、云纹的透明度及其色彩关系，历经艰辛。最终的“凤穿祥云”核心图形以一种虚实相间的朦胧状态呈现出来，这一结果给火炬制服印制带来巨大困难。

2006 年 11 月北京奥组委执委会最终确认了火炬制服设计，北京奥运火炬手服装设计采用不对称的图形设计，只在身体的左侧印核心图形，图形面积只占身体的三分之一，狭小的面积使得凤纹图形更加难以识别。为了能让制服上的凤纹相对清晰，我们配合火炬制服团队对图形进行了无数次的调试，试图在增加明度反差与保持色调含蓄之间找到平衡，然而服装面料的肌理远比纸张粗糙，很难再现“凤穿祥云”复杂而多层次的色调变化，这一挑战现有面料印制技术的印制难题让制服设计团队与制作机构费尽周折，在选择尝试现有的各种印制技术之后，最后的印制效果令人满意。

图 1

图 2

图 3

左页图：火炬接力核心图形色彩调试最终稿。
上图：“凤穿祥云”核心图形色彩调试的三个典型阶段。
图 1：近察时凤纹很细腻，但远观就糊成为一片红色；图 2：凤纹和“祥云”的色域同时加强，但色彩关系略显生硬；图 3：保留凤纹的原有色彩，减弱色彩的明度，采用局部提亮的方法在细节上进行调整，使凤纹与祥云融为一体，但出来的色彩较为黯淡；左页图为最终调整效果，整体与局部的关系处理较好。

北京 2008 年奥运会火炬接力核心图形的色彩设计

火炬接力核心图形的色彩既要与北京奥运整体形象景观协调一致，又要体现出火炬接力形象景观系统所特有的色彩性格，中央美院设计团队经过认真研究与测试，决定以象征圣火色彩的红、黄色为主色系，蓝、灰色为辅助色系。营造既能体现热烈祥和的北京奥运火炬接力主题与庆典氛围，又具有东方文化所特有的典雅含蓄、细腻微妙的色彩体系。

最终完成的火炬接力核心图形将祥云纹与凤纹巧妙地结合在一起，虚实相间，亦真亦幻。以现代设计手法表达出中国传统艺术所特有的刚柔相济、超凡脱俗的典雅境界。有凤来仪、祥云缭绕，浴火之凤将祥瑞和平的希望与中国人民的祝福带到世界各地，这就是火炬接力核心图形“凤穿祥云”设计的核心内涵 。

左页图：北京奥运火炬接力核心图形红色色系，象征奥运圣火的色彩，红色也是中国传统庆典的主要色彩。

上图：北京奥运火炬接力核心图形色彩黄、蓝、灰。

◎火炬接力核心图形色彩共四个色系，以象征圣火色彩的红、黄色为主色系，蓝、灰色为辅助色系，其中灰色起到中和协调其他色彩的作用。

图1

Beijing 2008

图2

图3

图4

Light the Passion Share the Dream

Journey of Harmony

北京2008奥林匹克火炬接力
Beijing 2008 Olympic Torch Relay

北京2008奥林匹克火炬接力
Beijing 2008 Olympic Torch Relay

北京2008奥林匹克火炬接力 Beijing 2008 Olympic Torch Relay

Journey of Harmony

北京2008奥林匹克火炬接力 Beijing 2008 Olympic Torch Relay

图5

北京 2008 年奥运会火炬接力形象景观基本元素

北京奥运火炬接力形象景观基本元素包括：奥运“五环”标志、北京奥运会会徽、北京奥运火炬接力标志、北京奥运火炬接力合作伙伴组合标志（“可口可乐”、“三星”及“联想”三大公司）、北京奥运火炬接力主题口号、主题文字、北京奥运火炬接力核心图形以及北京奥运火炬接力色彩体系等。

左页图：奥运“五环”标志（图 1）、北京奥运会会徽（图 2）、北京奥运火炬接力标志（图 3）、北京奥运火炬接力合作伙伴组合标志（图 4）、北京奥运火炬接力主题“和谐之旅”、口号“点燃激情，传递梦想”及中英文竖式及横式组合方式（图 5）。

上图：火炬接力核心图形切割比例。为方便使用，每段比例可以向内做 10%的切割。

第二章 北京 2008 年奥运会火炬接力服装设计

北京 2008 年奥运会火炬接力服装设计

北京奥组委火炬中心独家委托北京服装学院设计团队承担北京奥运火炬接力服装设计任务，最终火炬制服设计选中北京服装学院贺阳副教授的设计方案，因火炬制服采用“凤穿祥云”核心图形为主要图案，在制服后续的调图制作过程中，中央美院奥运艺术研究中心特派胡小妹、吴颜等同学协助工作，主要工作是测试面料打印、印刷效果，根据特定面料调整图形色彩层次，以期“凤穿祥云”能在火炬制服面料上有最佳表现。在经过北京、广州、台湾等多地制服打样与制作机构的大力协作下，北服团队与央美团队密切合作，圆满完成制服设计制作任务。

火炬接力服装的功能

传播：传播奥林匹克精神和本届奥运会以及火炬接力核心理念。

激励：激励穿着者的自豪感，荣誉感，增强工作人员完成本职工作的责任心。

管理：明显的识别性，便于统一管理不同职能领域工作。

服务：便于观众或者受众理解本届奥运会以及火炬接力的举办理念，更好地参与火炬接力活动。

北京奥运火炬接力服装按照火炬接力参与人员分为：火炬手，护跑手以及工作人员三大类。根据《国际奥委会火炬接力技术手册》规定，在传递期间，火炬手和护跑手的制服应与本届奥运会的总体形象景观保持紧密一致。火炬手制服必须免费向火炬手提供，并以白色为主。护跑手和工作人员的制服允许有面积很小的赞助商标志。

具体细分如下：

火炬手服装：常规火炬手、希腊火炬手（服装增加希腊国家奥委会会徽）。

服装图形由中国传统凤纹与红色核心图形组合而成。

红色核心图形为中国传统祥云纹样，凤纹与祥云纹形成雅致含蓄的画面。

左右不对称的图形设计和曲线分割，象征火焰的升腾，构成富有动感的画面。整体服装色彩鲜明、气氛热烈华贵，既具有中国文化的气韵与风度，又富有运动的激情与张力。

护跑手服装：护跑手、安保护卫。

服装图形由中国传统凤纹与蓝色核心图形组合而成。

蓝白色调很好地衬托出红白色调的火炬手服装，同样的服装款式，使得护跑手与火炬手服装形成统一的视觉效果。

工作人员服装：运行工作人员、摩托护卫（专用装备）、团队志愿者、城市工作人员，

蓝色核心图形的工作人员服装，设计简洁、大方，蓝色与服务有关，是常用的工作制服用色，

蓝色核心图形多层次的叠色效果，使工作人员服装更加生动、活泼。

左页图：北京服装学院贺阳副教授与中央美院胡小妹同学在工作室调试火炬服装图形。

左页图：手持火炬，身着火炬制服的北京服装学院学生模特。护跑手服装为蓝色，胸前有接力合作伙伴组合标志。

上图：北京奥运火炬手服装板型图。

◎火炬手服装正面元素有：火炬接力标志；火炬核心图形“凤穿祥云”；背部元素有：“beijing 2008”字体，奥运“五环”标志，火炬核心图形“凤穿祥云”；肩部元素有：火炬核心图形“凤穿祥云”，奥运“五环”标志。火炬手服装最初设计采用左右肩部对称图案，后发现多哈亚运会采用左右肩部对称图案的形式，为强调北京奥运火炬手服装的独特性，遂改为不对称图形设计，服装大面积留白，以表达火炬接力圣洁的意象。

身着火炬制服的北京服装学院学生们。

在北京 2008 年奥运火炬接力境内传递组织委员会第二次工作会议上，北京奥组委相关领导投票评审火炬制服设计。

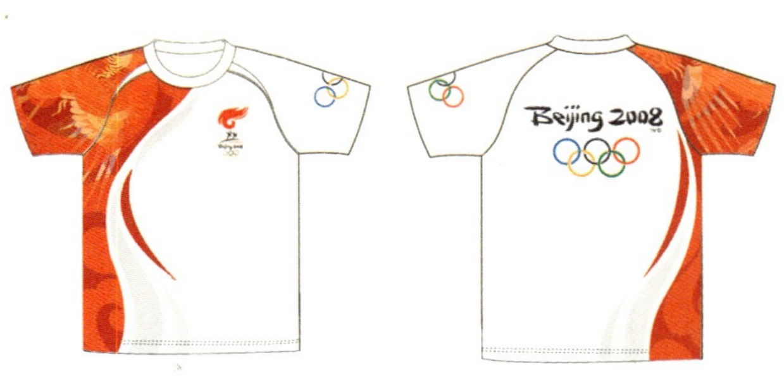

北京 2008 年奥运火炬接力火炬手服装（短袖）

北京 2008 年奥运会火炬接力护跑手服装（短袖）

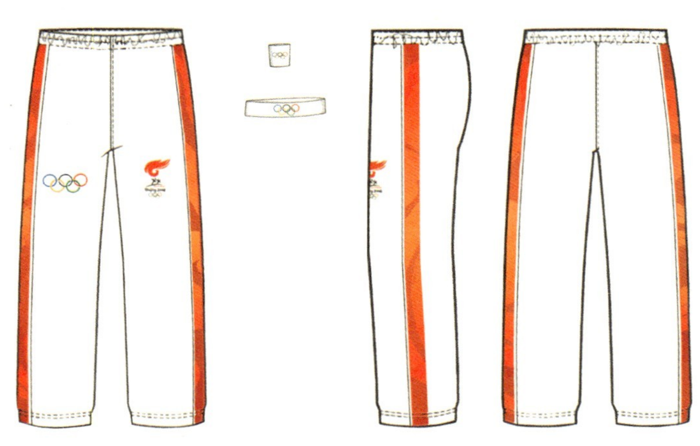

北京 2008 年奥运会火炬接力火炬手服装（长袖）

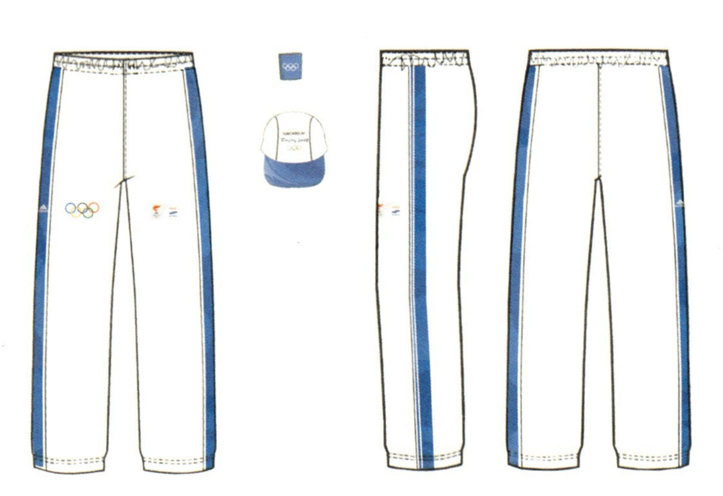

北京 2008 年奥运会火炬接力护跑手服装（长袖）

北京 2008 年奥运火炬接力工作人员服装（短袖）

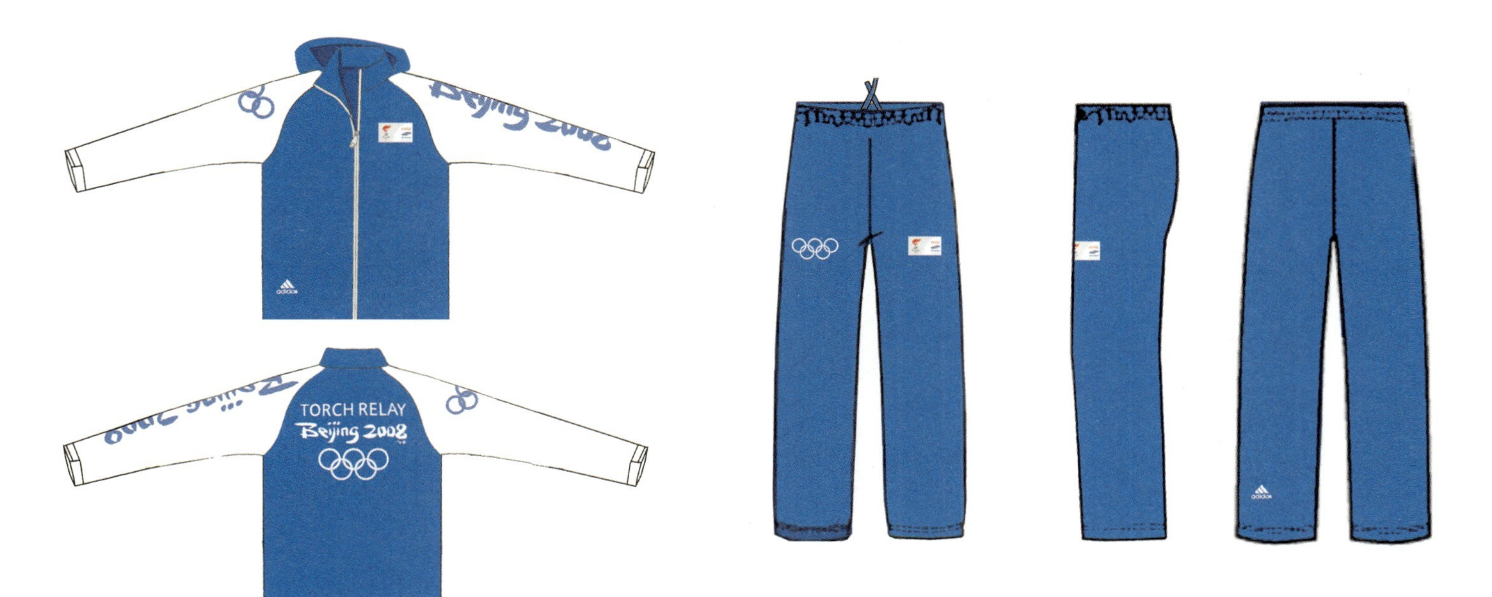

北京 2008 年奥运火炬接力工作人员服装（雨衣）

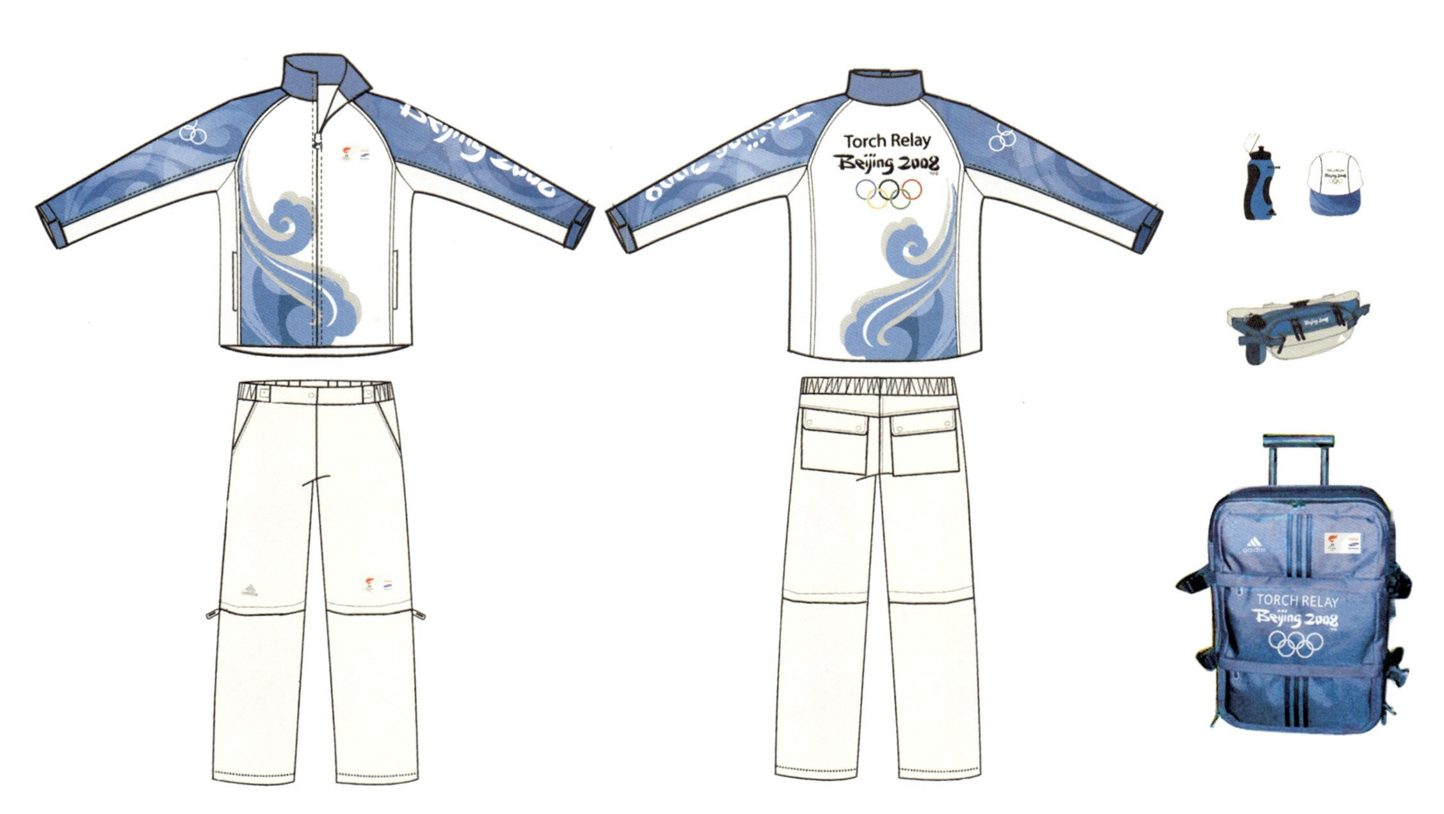

北京 2008 年奥运火炬接力工作人员秋冬服装

北京 2008 年奥运火炬接力装备

在雅典举行的北京奥运火炬接力点火仪式。

2008 年 8 月 8 日火炬进入鸟巢。

等待接力的火炬手们。

第三章　北京 2008 年奥运会火炬接力运行车队车体设计

北京2008年奥运会火炬接力运行车队车体设计

北京奥运火炬接力运行车队车体设计是火炬接力形象景观的重要组成部分，作为一个流动的奥运火炬接力形象载体，车体形象设计是展示中国文化及奥运形象的重要窗口之一。车体设计以火炬接力标志、火炬接力合作伙伴组合标志、火炬接力口号以及火炬接力核心图形等为基本元素，按照不同的车体及使用功能需求，组成一套由简到繁、灵活多变的车体形象系列设计，形成与车型配套的分级车体形象景观系统，以鲜明的中国特色展现北京奥运会全球火炬接力形象的独特魅力。

北京奥运火炬接力运行车队由13辆汽车和6辆摩托车组成。除警车和救护车外，每一种车辆都有其独特的景观，既自成一体，又与其他车辆保持一致。车队运行总长度约达8公里，包含开道警车、全球合作伙伴花车、先导车、火炬手投放车、收尾工作车、火炬手投放车、安保车、礼宾车、火炬手收集车、媒体车、救护车、摩托车等车辆。

作为火炬接力途中运行和传递的中心，运行车队的任务是为每一个传递圣火的火炬手和护跑手提供途中的全面支持，以保障火炬接力顺畅运行，并为电视转播机构提供官方电视信号，为留下火炬接力历史记录提供运输保障。

北京奥运火炬接力运行车队车体设计的主色调为红黄两色，与火炬接力标志、核心图形及主题口号互相映衬，呈现出温暖、热烈、运动的视觉特征。

北京奥运火炬接力运行车队的整体设计呈现的是一团流动的圣火火焰形象，一路点燃、传递城市的奥运热情，承载亿万观众对北京奥运会的期待和盼望。

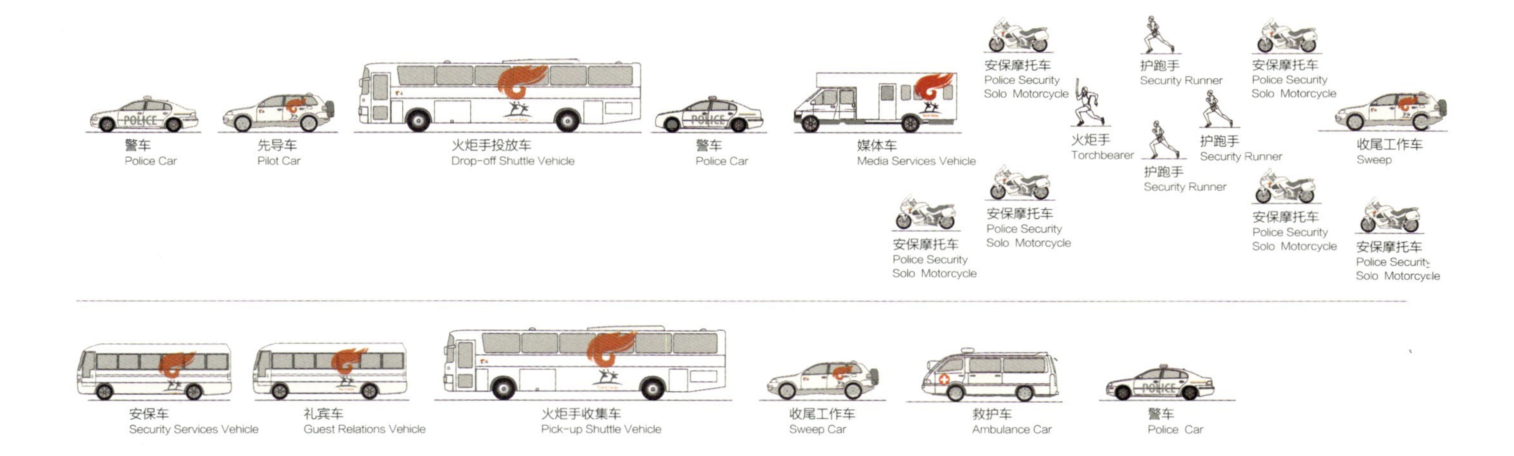

左页图：北京奥运火炬接力运行车队实景。　　上图：北京奥运火炬接力运行车队的构成。

Light the Passion Share the Dream
TOURAN
010

火炬运行车辆实景。

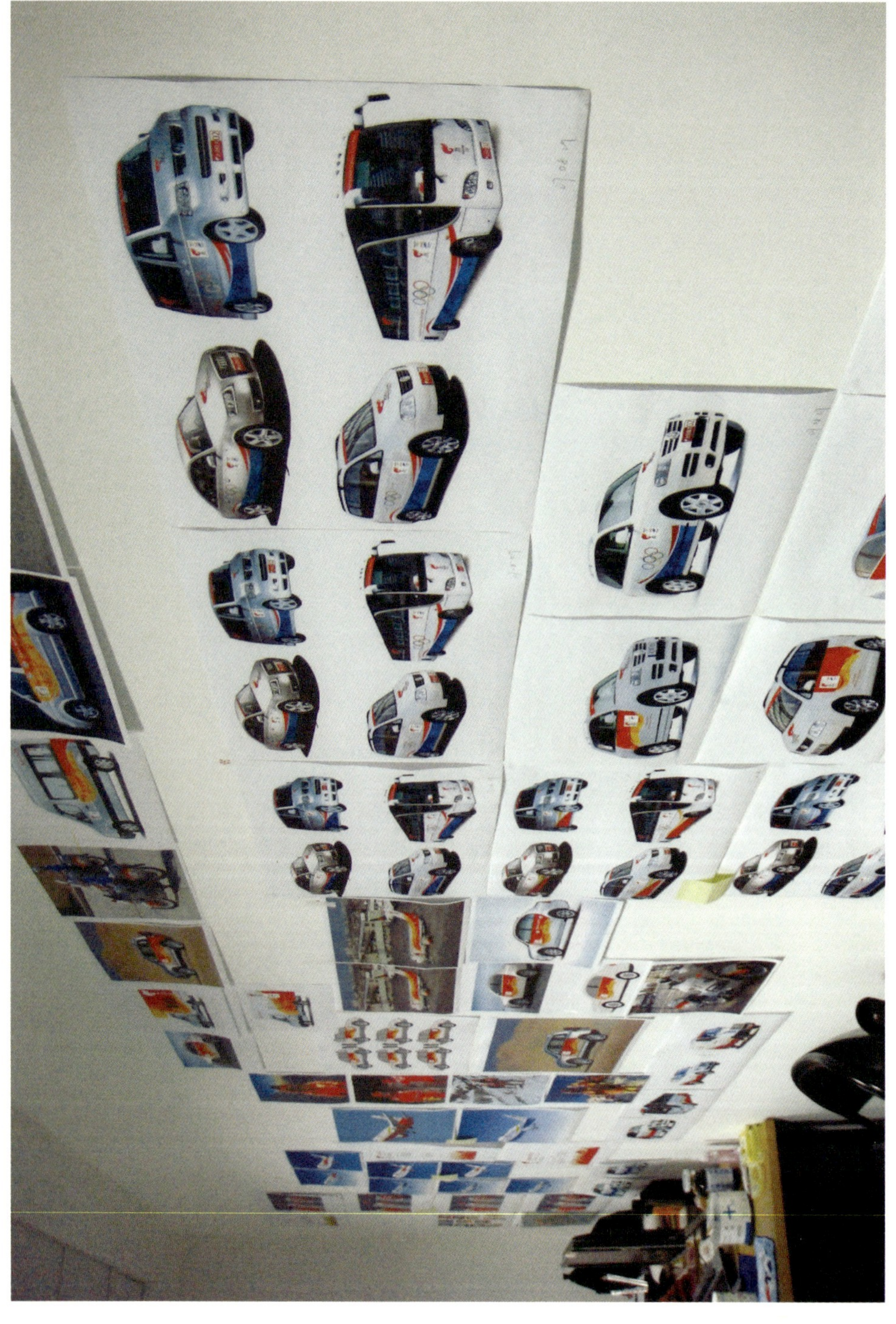

车体前期设计方案举要

奥林匹克火炬接力是奥运会的前奏，是古代奥运会和现代奥林匹克运动之间强有力的连接。火炬接力在 100 多天的传递活动中，传播奥林匹克精神、传播友谊与和平的信息，点燃人们对奥运会的激情。火炬接力是主办城市提升公众对奥运会的认知度和创造宣传点最有力的工具，火炬接力使主办国的人民有机会全面感受奥运会的力量。

北京奥运火炬接力是奥运会有史以来里程最长、历时最长、途经国家最多的一次圣火接力活动。接力期间，时间安排极为紧张，几乎没有停顿休整的间隙，因此，车体形象设计要考虑在保持形象统一与视觉品质的前提下，能够实现快速装卸、便于管理的功能。

车体设计包含以下基础元素：奥运“五环”标志、北京奥运火炬接力标志、北京奥运火炬接力口号，北京奥运火炬接力核心图形以及北京奥运火炬接力合作伙伴组合标志等。中央美院设计团队在前期设计中，设计了大量风格迥异的车体设计方案，以下是部分具有代表性的前期车体设计方案举要。

左页图：车体设计方案效果图。

上图：车体方案一，以流线型的红色色带作为主导，配以蓝色的火炬接力核心图形，呈现出一种清新动感的运动特色。

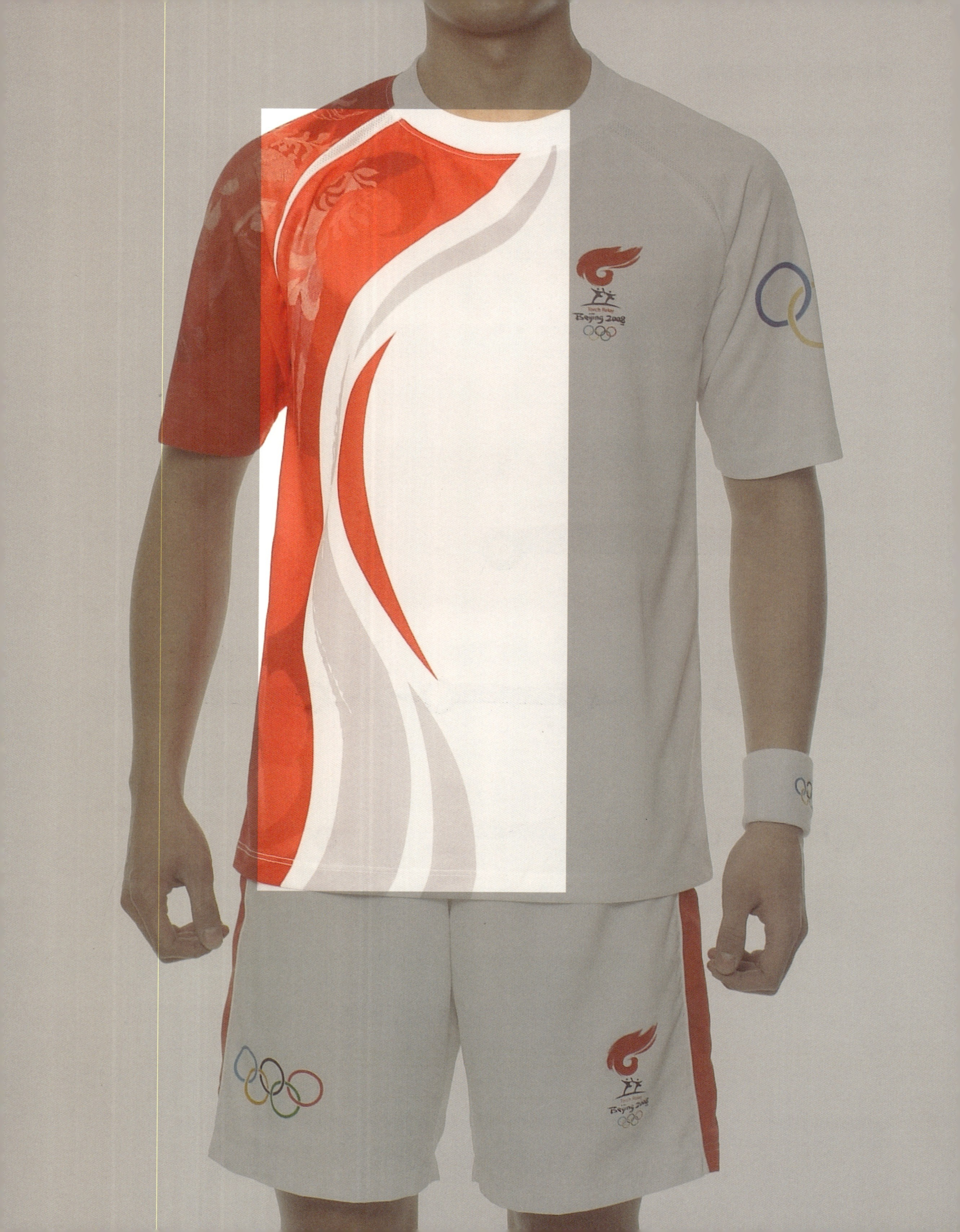
Beijing 2008
Beijing 2008

与火炬手服装统一的车体设计

在车体设计过程中，北京奥运火炬手的服装设计基本确定下来。考虑到火炬接力车队本身就是为火炬手服务的，因此设计团队尝试将火炬手服装上的纹样应用于车体设计，以达到与火炬手服装视觉统一的效果。

为做到这一点，设计团队将车体装饰区域的整体设计改为曲线型，以明亮的红黄色系辅以灰色条纹，使车队与火炬手的视觉关系更加和谐。

这套方案有红黄及红蓝两个色系，最终红黄色系方案获得奥组委火炬中心的认可。红黄色系的方案色彩明亮鲜艳，令人印象深刻，非常符合火炬接力传递圣火的视觉意象，同时具有鲜明的中国特色，因此当车体设计还处在不断修改的过程中时，红黄色系就已经基本确定下来，后续的其他设计基本上遵循以红黄色系为主、辅以蓝红色系的思路。

左页图：车体图案沿用火炬手服装图形，以红黄色系为主，间以灰色色条，视觉感受热烈而柔和。

上图：沿用火炬手服装图形设计的车体方案，有红黄色系与红蓝色系两种。红黄色系更能体现传递奥运圣火的热烈气氛并具有中国特色。

火炬接力02

标志的位置

奥运火炬接力是历届奥林匹克运动会开幕前的预热活动，全球奥运火炬接力的目的是为了宣传奥林匹克精神与举办城市风貌，奥运“五环”标志和奥运举办城市火炬接力标志的位置关系至关重要，它决定了其他各种视觉元素在车体设计构成上的主次关系。

在车体设计中，火炬接力标志的位置是最为明确的，作为火炬接力的标志性图形，它应处于最为明显的位置。在车体中，再也没有比前车门的两侧和车盖顶部的位置更为明显的地方了，因此，这三个地方是火炬接力标志的理想位置所在；核心图形及色条面积比较大，装饰性强，应位于车体面积较大、位置较低的部位，以增加重心感，车体两侧的下部是最好的选择。色条与核心图形的搭配方式要依于具体的车型进行相应的调整。

下面以“途锐”车型为例说明“五环”标志在车体设计中的调整。

图1

图3

图2

图4

左页图：“五环”标志贴在错误的位置。

◎“五环”标志贴在前后车门之间，制作上有难度，在使用过程中，一侧车门打开后会造成“五环”标志的不完整，有损“五环”标志的严肃性。

上图：标志在车体上的位置。

◎图1为最终设计方案，图2、图3、图4的设计中，“五环”的位置虽然很明显，但会在制作时出现问题，车体装饰制作工艺是贴膜而不是喷漆，因此不能将其放在前后门交接处，只能调整“五环”的大小，放在车后门的空白处。事实证明，装饰的制作工艺与车辆的使用功能对设计的发挥具有一定程度的制约，需要设计师在不利的条件和各种限制下发挥想象力与能动性。

点燃激情 传递梦想
Light the Passion Share the Dream
Torch Relay
Beijing 2008

“火上火下”

较早的车体方案中将核心图形及色条放在车体的下部，重心下移可以增加稳定感、强化车形的流线动感。但在之后的讨论中，奥组委火炬中心对此提出了一点疑虑：装饰区域在车体下部，又是红黄两色，感觉像车队被燃烧的火焰包围。于是设计团队将装饰区域从车体下部上移到车体中部，以消除这种不吉祥的视觉意象。在中国，从古至今，图像具有很强的象征性，象在中国人的经验中并不是简单的自然事物或现象的象形，而是天道与人道变化的征兆与显现，可以关乎宗族社稷的盛衰兴亡、个体人生的顺逆吉凶。在公众场合，特别是在具有重大意义的公众场合，选择一种图像或纹样绝不是一件随意的事情，也绝不是一件只关乎审美经验的小事，任何一种公共图像的出现都有可能引发中国民众异乎寻常的想象力与街谈巷议。 因此在图像的选择过程中，政治、宗教、文化、民族、传统等因素都需纳入考量的范围，这其中舆论安全必然成为决策层的第一思量。

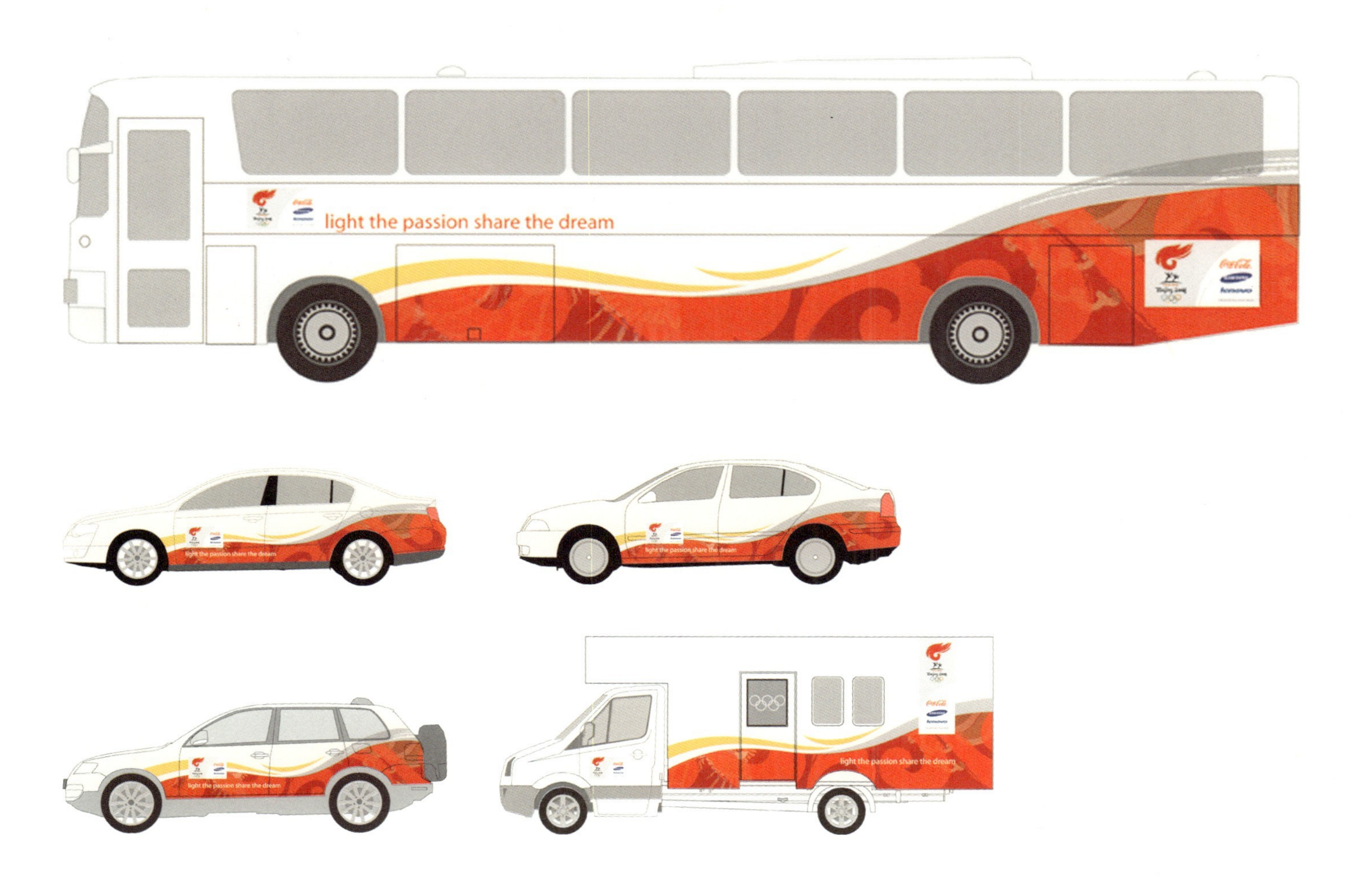

左页图：根据火炬中心意见，将早期车体下部的核心图形及色条上移至车体中部。

上图：早期车体方案中，核心图形及色条放置在车体下部。

2007 年 8 月—2008 年 2 月 + 北京 2008 年奥运会火炬接力形象景观设计汇报专题会

北京 2008 年奥运会火炬接力形象景观设计汇报专题会

2007 年 11 月 10 日，距北京 2008 年奥运会火炬接力还有 143 天，北京奥组委火炬接力中心召开北京奥运会火炬接力形象景观设计汇报专题会，与会人员有北京奥组委副主席、奥组委文化活动部形象景观处艺术总监、火炬接力中心相关人员、相关专家以及北京奥运火炬接力合作伙伴代表。在会上，中央美院团队提交了北京奥运火炬接力形象景观设计方案，杭海副教授陈述了火炬接力形象景观设计的总体原则：根据国际奥委会对北京奥运形象景观工作的基本要求，火炬接力形象景观作为子系统，应与北京奥运整体形象景观系统协调一致，应沿用“祥云”核心主题的既定风格及色彩体系做延展应用设计，而不是另做全新设计。之后陈慰平老师对具体的设计方案进行了陈述和演示。同时，大众汽车奥运形象设计团队也应邀提交了设计方案“梦想之路”。评审会结束不久后，我们接到火炬中心的通知，执委会通过了中央美院的设计方案。

图 1

图 2

左页图：北京奥运会火炬接力形象景观设计汇报专题会现场。

上图：车体方案设计对比图。

图 1：中央美术学院提交的北京奥运火炬接力形象景观设计车体方案。

图 2：大众汽车公司奥运形象设计团队提交的北京奥运火炬接力形象景观设计车体方案。

◎大众公司的方案以新元素“梦想之路”——两条表示道路的黄线为图形主题，并通过阴影予以强化，黄线周围排列数条细线分割“凤穿祥云”核心图形，该图形强调流线、速度等运动感，从形式到内容均与北京奥运火炬接力核心图形“凤穿祥云”相去甚远，是一个与北京奥运整体形象系统大相径庭的设计方案。

Philipp Darjes
孙玉红

2007 年 11 月 10 日，北京 2008 年奥运会火炬接力形象景观设计汇报会现场。

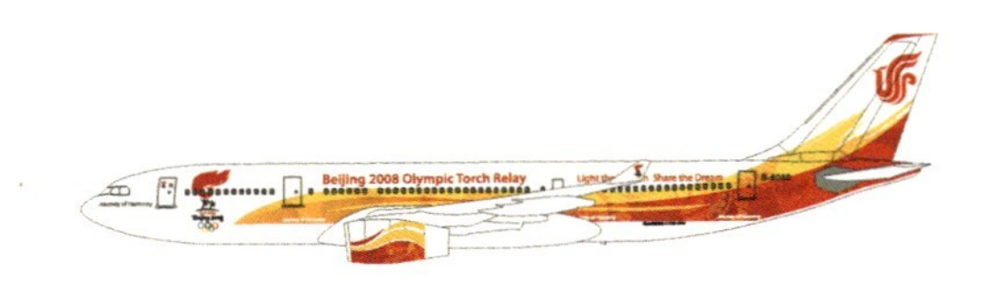

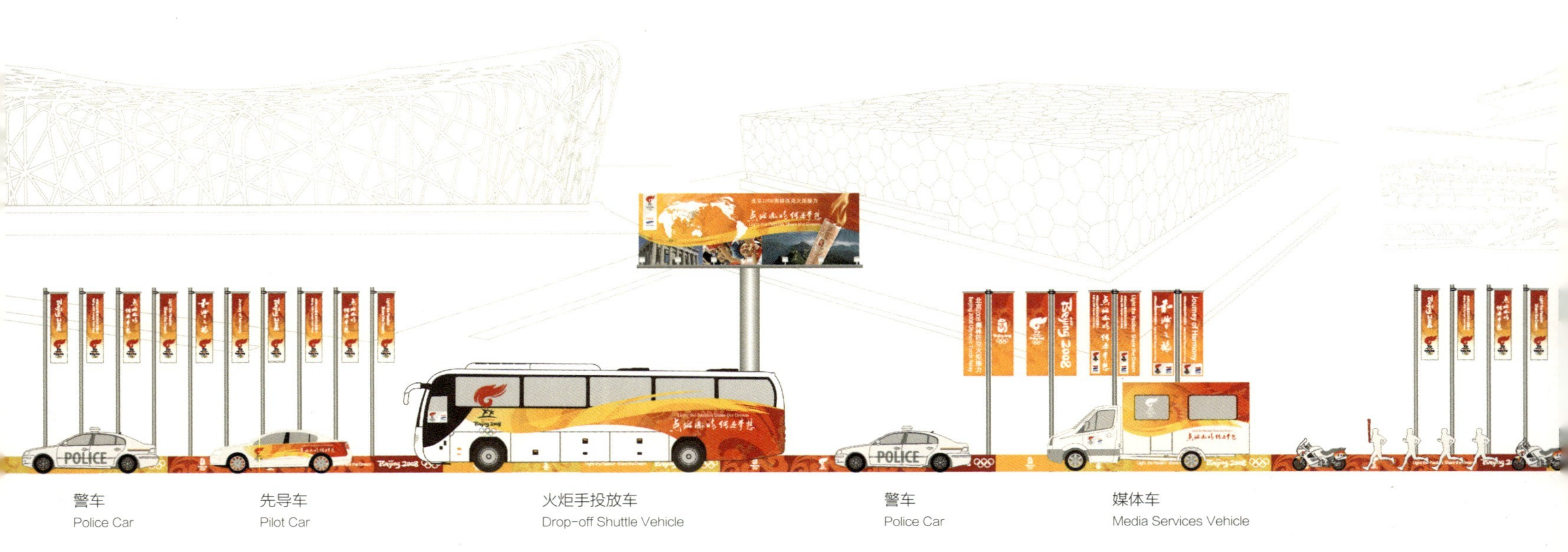

警车
Police Car

先导车
Pilot Car

火炬手投放车
Drop-off Shuttle Vehicle

警车
Police Car

媒体车
Media Services Vehicle

北京 2008 年奥运会火炬接力形象景观系统设计效果图。

Light the Passion Share the Dream
点燃激情 传递梦想
Torch Relay
Beijing 2008
Light the Passion Share the Dream
点燃激情 传递梦想
Torch Relay
Beijing 2008

车体制作

车体设计方案完成后，随即进行了贴车的测试，设计团队根据每种车型车尾部的弧度不同，量身定做贴膜剪裁，使得车膜与车体贴服得非常完美，效果令人满意。同时针对实际车型，标志、口号及核心图形饰条的大小及位置也进行了一定程度的调整。

在各种调整结束之后，设计团队使用“卡福特”车型进行了一次较为正式的车体装饰试验。事实证明，按照此方案进行车体装饰，既简便又快捷，效果与设计初衷十分契合。

左页图：北京奥运火炬接力车体车贴实际效果。

上图：北京奥运火炬接力车体设计效果图。

京A 29875
Light the Passion Share the Dream
点燃激情 传递梦想
Beijing 2008

Light the Passion Share the Dream
点燃激情 传递梦想
Beijing 2008
Light the Passion Share the Dream
点燃激情 传递梦想
Light the Passion Share the Dream
点燃激情 传递梦想
Light the Passion Share the Dream
点燃激情 传递梦想
Beijing 2008
Passion Share the Dream
点燃激情 传递梦想

图 1
图 2
图 3
图 4
图 5
图 6

海南三亚车队预演

2008 年 1 月 10 日至 13 日，北京奥组委火炬接力中心在海南三亚凤凰岛举行北京奥运会火炬接力全国测试预演活动，此次预演活动邀请了全球北京奥运火炬接力途经城市组织工作的负责人前来观摩。

测试演练严格按照火炬接力的运行流程进行，测试内容包括运行团队到位整合、集中培训、模拟接力、车队运行指挥机制与应急反应机制、安保与突发事件应对机制、接力城市和火炬接力合作伙伴、赞助商的合作等。

测试车队车体完全按照中央美院设计方案进行装饰，整体效果良好。但在实际操作过程中，也发现一些小问题，例如：位于指挥车前车门处的火炬接力标志过大、偏上，从而使空间显得拘谨和拥挤。预演结束后，中央美院设计团队立即对实践中出现的这些问题进行了调整。

左页图：安保车中的摩托车队（图 1）、指挥车（“帕萨特”车型）（图 2）、指挥车车身侧面（图 3）、指挥车正面（图 4）、先导车（“途安”车型）（图 5）、礼宾车（“T5”没有银色车，先用蓝色预演测试）（图 6）。

上图：预演结束前后，火炬接力车体设计方案调整对比。

Light the Passion Share the Dream
Light the Passion Share
Light the Passion Share the
056

北京 2008 年奥运会火炬接力运行车队实景。

堂
点燃激情 传递梦想
Light the Passion Share the Dream

098

2008年3月29日，奥运“圣火号”专机从北京飞赴雅典迎取奥运会圣火。3月31日，运载着奥运会圣火火种的奥运“圣火号”专机抵达北京，4月1日开始在境外第一站阿拉木图进行境外传递，5月4日进入中国三亚。奥运“圣火号”专机飞行跨越五大洲，飞行里程10万公里，周游全球22个城市，飞行23架次，总计飞行时间132小时。

第四章　北京 2008 年奥运会火炬接力“圣火号”专机机身设计

R CHINA
严格执行规章制度
杜绝人为责任事故
不断提高

北京 2008 年奥运会火炬接力“圣火号”专机机身设计

2007 年 11 月 16 日，北京奥组委与中国国际航空公司签订了《奥运火炬接力境外传递包机》服务合同，中国国际航空公司成为 2008 年北京奥运会火炬承运人。中国国际航空公司选用一架注册号为 B-6075 的空中客车 A330-200 型彩绘涂装飞机，作为 2008 年北京奥运会圣火境外传递的专机，命名为奥运“圣火号”。根据北京奥组委火炬中心的指示，“圣火号”专机机身的视觉设计工作由中央美院奥运设计团队负责。“圣火号”专机的机身设计作为火炬接力整体形象景观的延续，也是以红黄色系为主色调，除了奥运“五环”标志、北京奥运火炬接力标志、口号、核心图形等元素外，还添加了“北京 2008 奥林匹克火炬接力”的中英文字体以及英文“和谐之旅”的字体，机身设计方案象征着“火凤凰”展翅飞翔，把吉祥、和平的讯息以及中国人民追求和谐发展的理念带给全世界。在中国国际航空公司和北京飞机维修工程公司的大力配合与技术支持下，中央美院设计团队最终圆满完成“圣火号”专机的机身的设计任务。

“圣火号”于 2008 年 3 月 25 日在北京飞机维修工程有限公司喷涂完成，并在 3 月 28 日进行了试飞。

左页图：陈慰平老师（左二）在机身设计工作现场。

上图：北京奥运火炬核心图形凤纹矢量稿。

◎出于对持久性、安全性等技术因素的考量，“圣火号”机身装饰必须采用喷漆方式，而不能采取贴膜方式。经过与中国国际航空公司和北京飞机维修工程公司的多次讨论，设计团队决定将火炬核心图形凤纹矢量化，以符合飞机机身喷漆的技术要求。矢量化后的图形可以被无限放大，更可以根据需要分解成独立的色块。凤纹矢量化的色彩处理分为两个步骤，先按照凤纹原图分解简化色彩，再根据机身图形色彩的具体需要进一步调整、简化色彩，以符合预期的视觉效果与技术指标。

Journey of Harmony

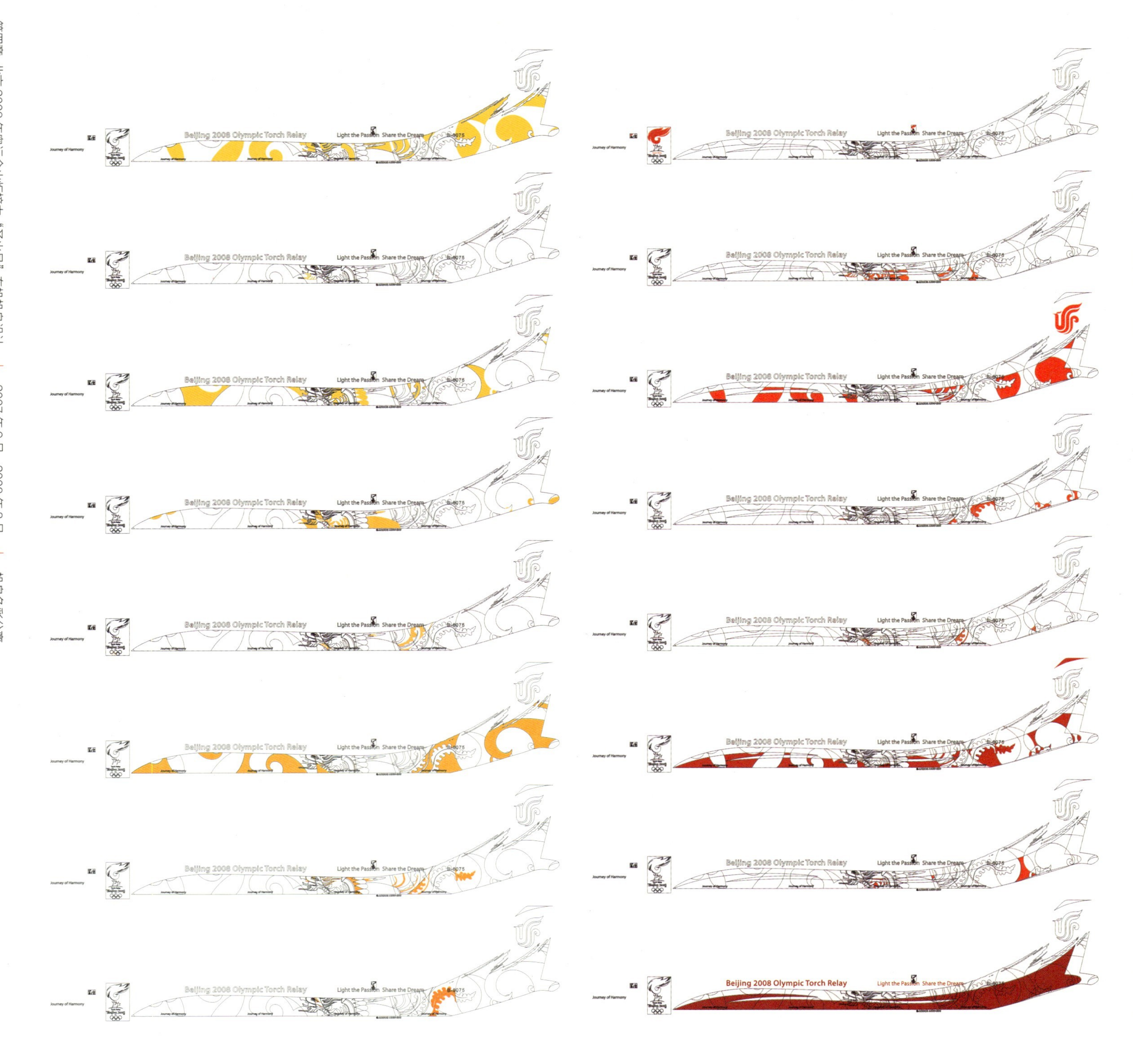
Beijing 2008 Olympic Torch Relay
Light the Passion Share the Dream
Journey of Harmony
B-6075

机身色彩分离

经过设计团队两个多星期的反复调整，“圣火号”机身上的凤纹及其他元素被最终确认，开始喷漆前的准备工作。首先将机身装饰矢量文件按色彩拆分，然后将拆分文件提交给北京飞机维修工程公司(AMECO)。第一次交接的文件共有40多种颜色，AMECO的喷漆工程师铁军根据他多年的喷漆经验，建议颜色不要超过10种。他表示颜色越多，喷漆工作就越困难，时间也不能保证。要将颜色缩减至10种，这样的改动对中央美院团队是个很大的挑战。陈慰平老师和设计师李平与AMECO公司工程师进行了多次的深入讨论，并在AMECO公司的安排下，专门到苏州的PPG航空材料(苏州)有限公司进行了为期3天的色彩调配工作，这为尽早解决喷漆色彩的数量问题打开了突破口。

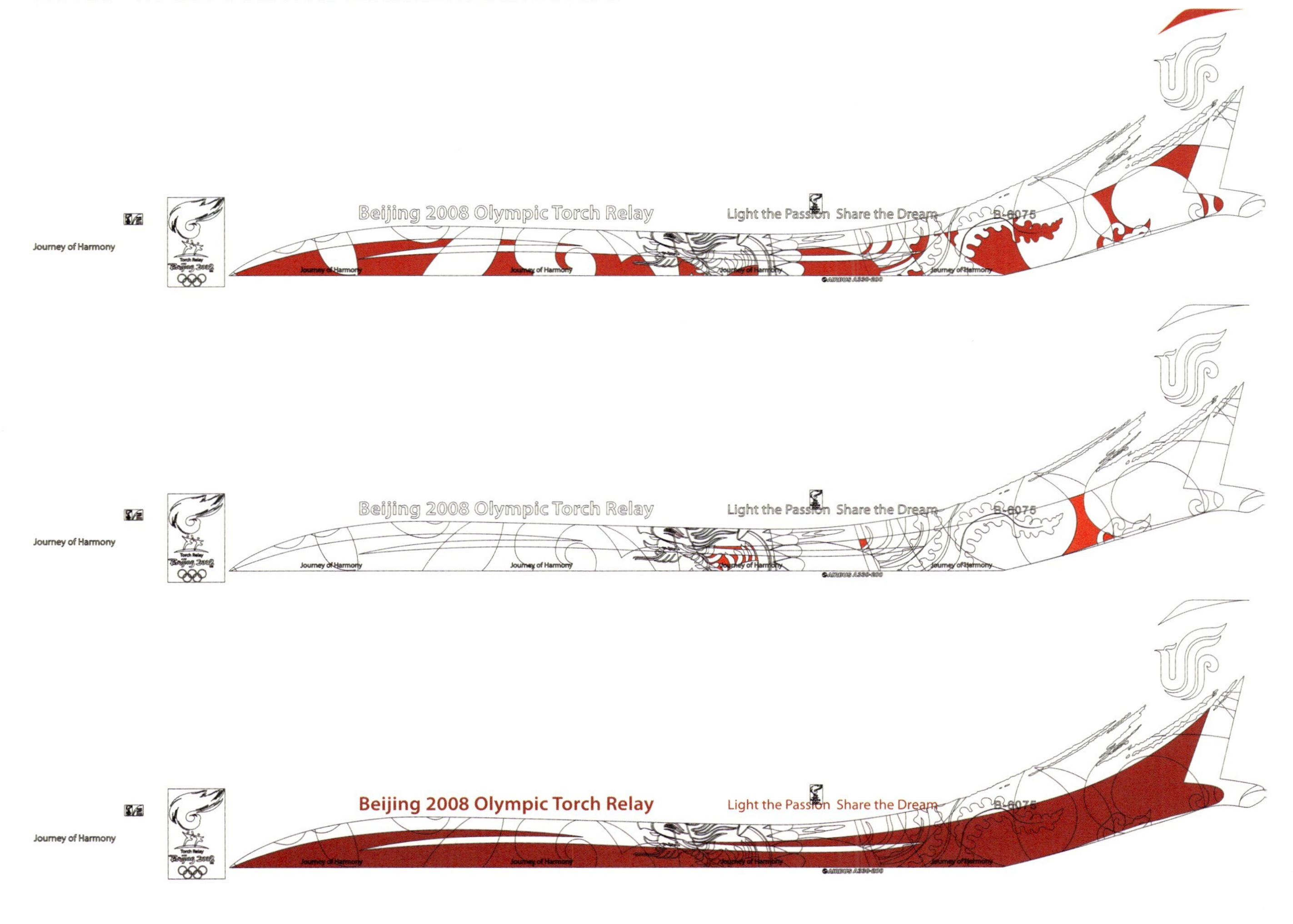

左页图及上图：“圣火号”机身装饰色彩拆分矢量文件。

在苏州PPG公司调配喷漆用色

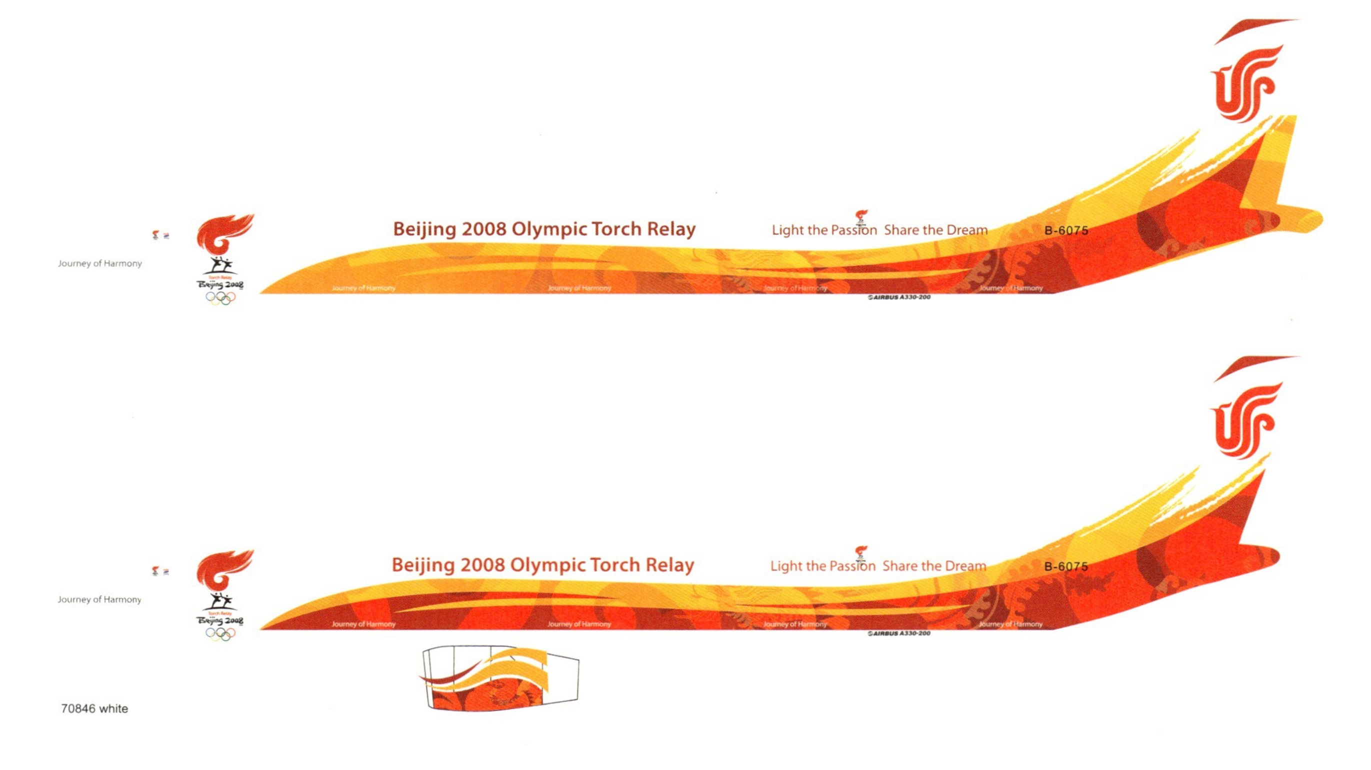

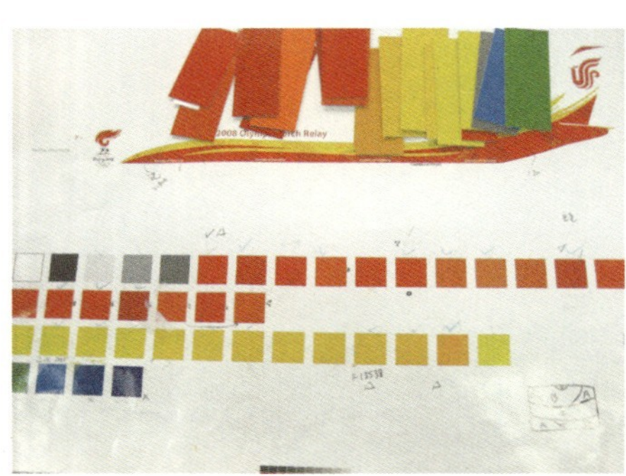

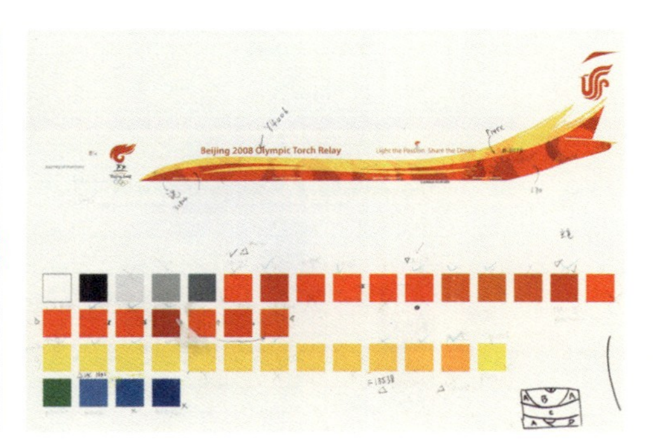

在苏州 PPG 公司调配喷漆用色

在苏州 PPG 公司的 Aerospace 实验室，陈慰平老师的主要工作是在不影响设计效果的前提下，把使用颜色的数量尽量减少。原有设计稿中有 40 种颜色，在与专业调色人员讨论后，先把图形中的两个面积最大的主色调配出来，然后把图形中色彩反差最大的色彩部分调配出来，最后总结出 8 种红色、8 种黄色和 4 种辅色作为奥运“圣火号”机身的喷漆颜色。

用于“圣火号”机身装饰的喷漆涂料是一种叫作 Desothane HS 的聚氨酯面漆，每一种颜色的色值都是以化学原料的混合数值为基础的。PPG 公司表示，为奥运“圣火号”制作漆料是他们目前为止接到的最复杂的调色项目。因为设计稿中的颜色在标准色号中基本找不到对应的或类似的，需要重新调制。最后的色彩测试完全依赖设计师的肉眼来判断是否符合设计方案，这也是史无前例的。同时，在这么短的时间内完成这么多种颜色的调配，对 PPG 的调色师来说也是非常大的挑战。

图 1

图 2

左页图：最初机身设计稿中的色彩带有渐变效果，调色后将渐变效果去掉，以颜色块面代替。

上图：机身喷漆色标。图 1：原机身设计稿中的 40 种颜色。图 2：精简后的 20 种颜色。

Beijing 2008 Olympic Torch R
Journey of Harmony
Torch Relay
Beijing 2008
Journey of Harmony

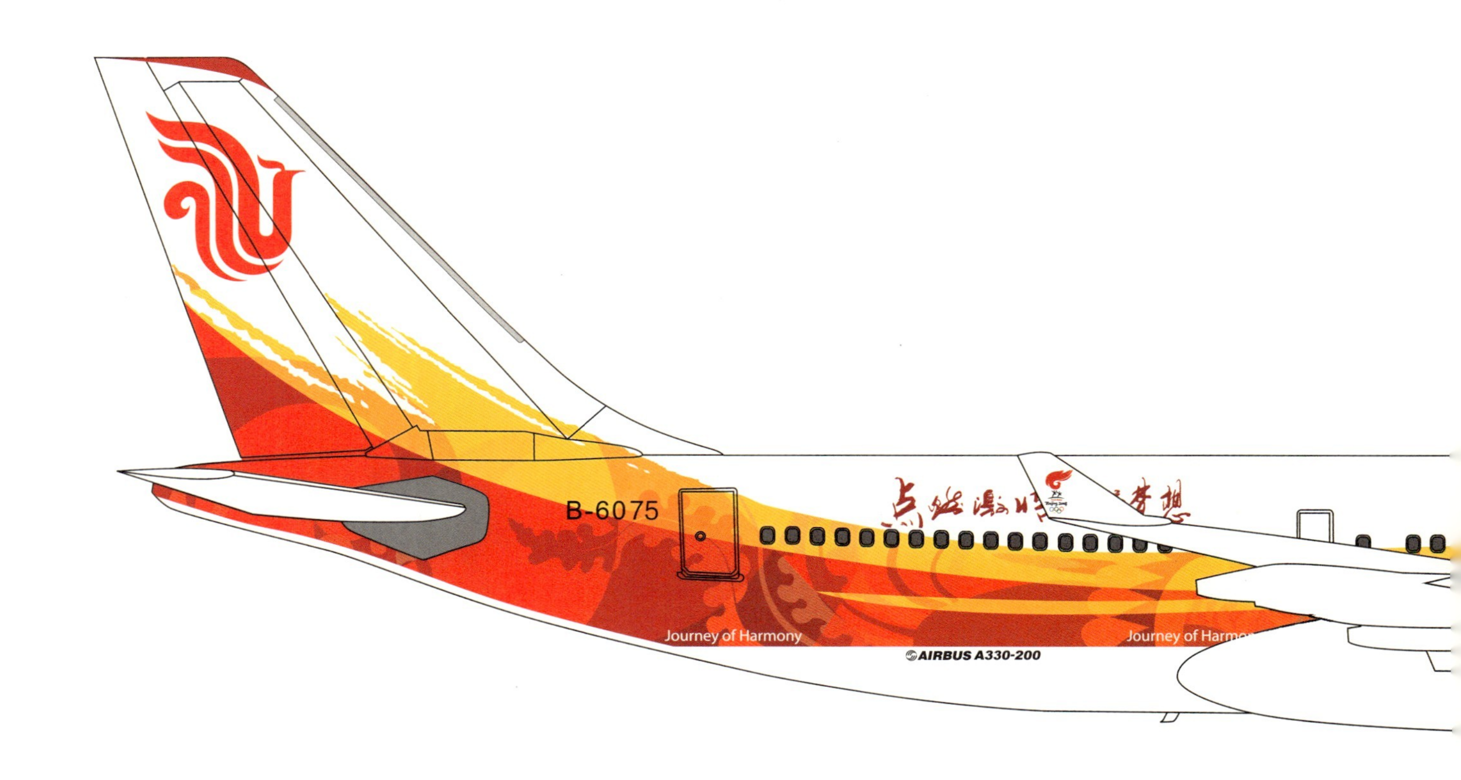
B-6075
Journey of Harmony
AIRBUS A330-200

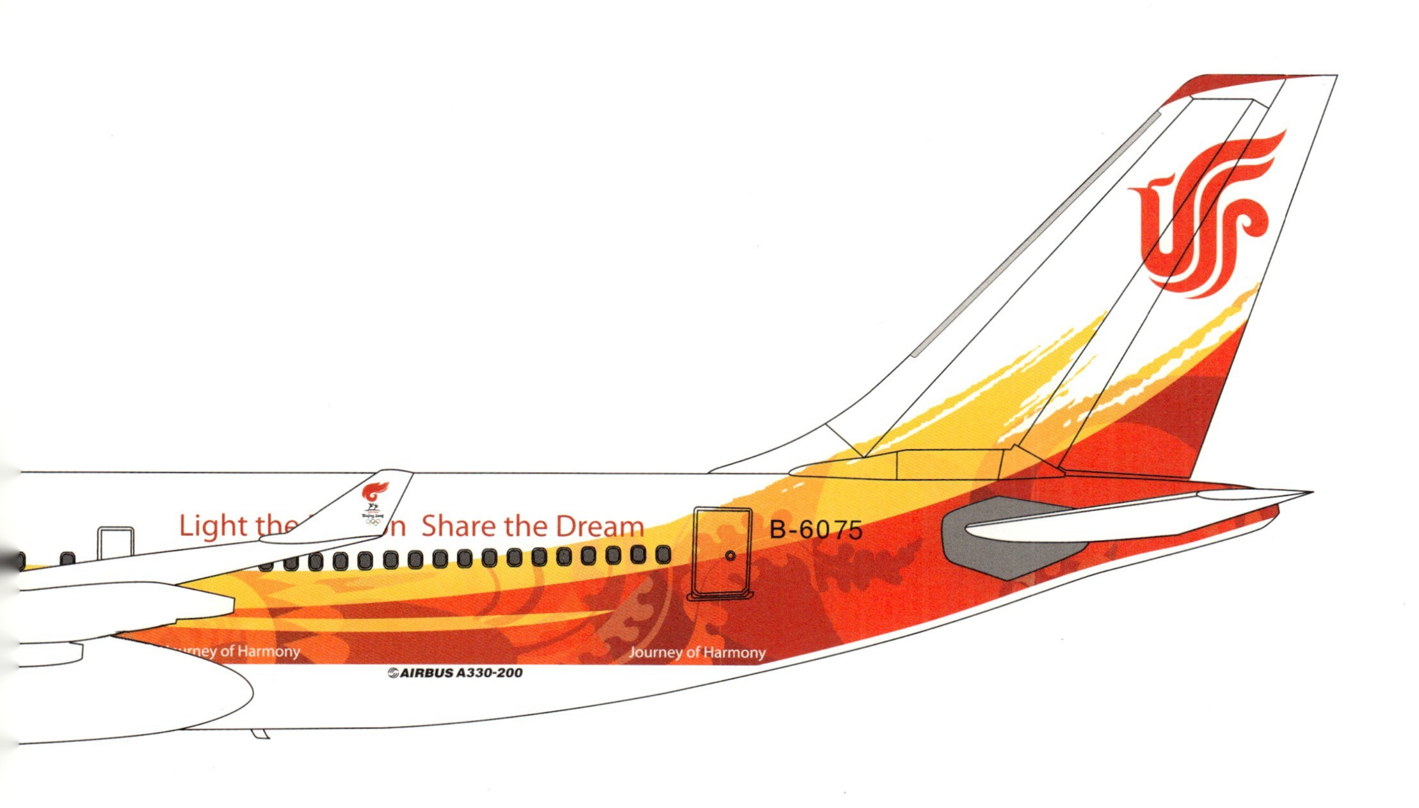

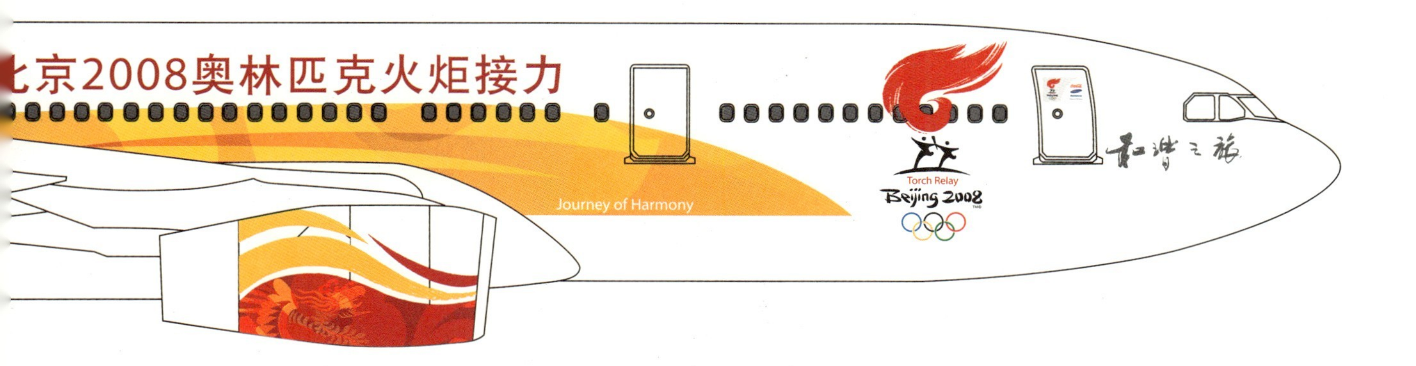

奥运“圣火号”专机设计最终稿。

PAINT DOCK
AIR CHINA

机身的喷漆制作

喷漆颜色及数量确认之后，“圣火号”机身进入实际的喷涂制作程序。北京首都机场附近的一个飞机机库成为制作基地。喷漆生产工程师铁军为整个喷漆的流程制订了详尽周密的工作计划，由于制作时间非常急迫，加上专机每停留在机库一天，都会产生大量的费用，因此，按时完成任务是此次制作成功的关键。

在奥运“圣火号”飞机的彩绘涂装过程中，AMECO 公司积极克服了机身彩色喷涂的多项技术难题：

1. 喷漆色彩的技术简化。奥运“圣火号”机身设计主图形为“凤穿祥云”，图案构成复杂，色彩种类繁多。AMECO 喷漆车间与中央美院设计团队共同配合，经精确测算、多次测试模板演习，归纳图形主要特征，最终确定只要三套模板就能包含喷漆所需的所有颜色，比常规的 5 套模板节省了 2 套，满足了施工要求并有效缩短了施工周期。

2. 多套模板精确定位。“圣火号”机身图形基本上覆盖了整个机身，施工人员根据图案主黄和主红色区域分布，确定第 1 套模板喷主色，第 2、3 套模板喷辅色的施工方案。由于多套模板同位重复施工，需要精确测量机体的变形度和每张模板的间隙，以确保每套模板完全吻合，将误差降到最低，这是施工中难度最大的地方。施工人员使用激光定位仪进行精确定位，再按机体的变形度算出误差和间隙，准确无误地将第一套模板定位，以后每一套模板的施工都按这个变形度来进行。

3. 双曲度表面的图案处理。“圣火号”图形设计是平面设计图纸，而实际的飞机机体是立体的，两者之间有很大的差异，特别是在机头、机尾双曲度表面区域，所以设计模板与机体在机身、垂尾部位有 10 多米的差异。对于这部分的差异，设计师要求 AMECO 在施工时进行差异修补。施工人员凭借多年丰富的经验，有效地将设计图按机体双曲度表面的特点进行延伸，使机身与垂尾各联结点得到有效连接，最终让机身呈现的实际效果与设计理念完全一致。

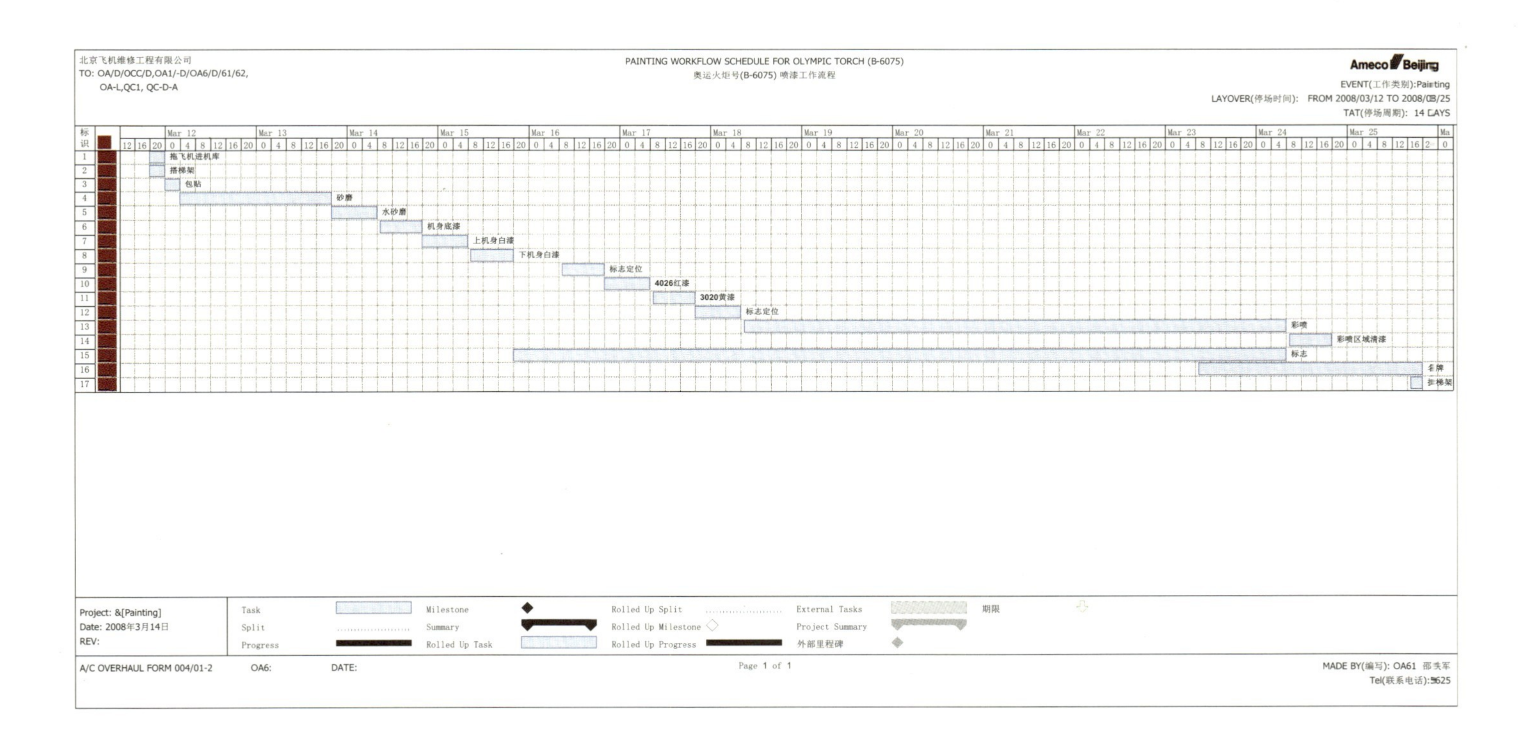

左页图：北京首都机场附近的一个飞机机库成为“圣火号”机身装饰制作基地。

上图：“圣火号”机身喷漆制作流程表。

◎整个制作流程分为：包贴、砂磨、水砂磨、机身喷底漆、上机身喷白漆、下机身喷白漆、标志定位、4026 红漆、3020 黄漆、标志定位、彩喷等复杂程序。

f Harmony
STAR ALLIANCE
Torch Relay
Beijing 20

格执行规章制度
杜绝人为责任事故
Journey of Harmony

93

Torch Relay
Beijing 2008
Journey of Harmony

喷漆需要的漆料在正式喷漆前已经调制完毕，喷制顺序按漆料使用多少来确定，使用的越多，所占的面积越大，越早被喷涂上去。首先，使用白色漆料将机身整体涂白，以覆盖机身原有装饰；然后，需要喷涂的各个部位被划分成不同的区域，按喷涂顺序将不需要喷漆的部分用一种专门的贴纸覆盖，留出要喷涂的区域等待喷漆。面对时间紧、任务重的局面，北京飞机维修工程公司共派出100余人组成喷漆团队，日夜加班加点，最终在规定的一个月内圆满完成了“圣火号”机身的喷涂工作。

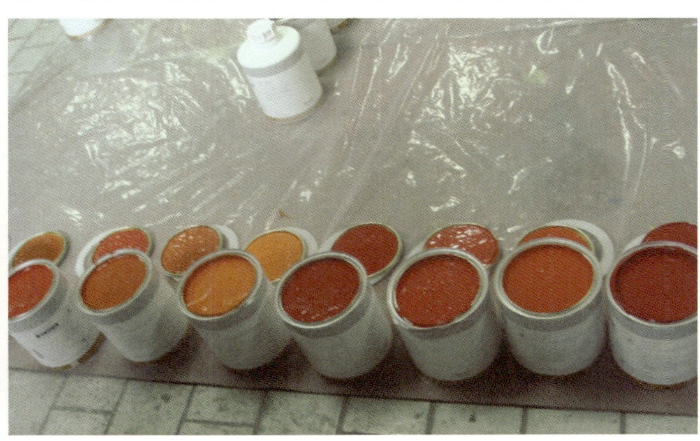

左页图：“圣火号”机型由原来的波音767改为空客A330。

◎这种机型的特点是机身非常庞大，与车体相比，机身装饰的测试难度更大。但为了完美地实现设计方案，中央美院团队首先喷绘了等比例的机身贴膜，在机库进行了真机贴膜实验。通过测试，设计团队调整并确认机身装饰各部分的比例、位置等细节，并将相关数据与制作工作人员进行细致沟通，以避免实际喷绘时的任何潜在风险。

上图：“圣火号”专机喷涂过程实景。

Journey of Harmony
Journey of Harmony

Beijing 2008 Olympic Torch Relay
Journey of Harmony
Torch Relay
Beijing 2008
AIRBUS A330-200

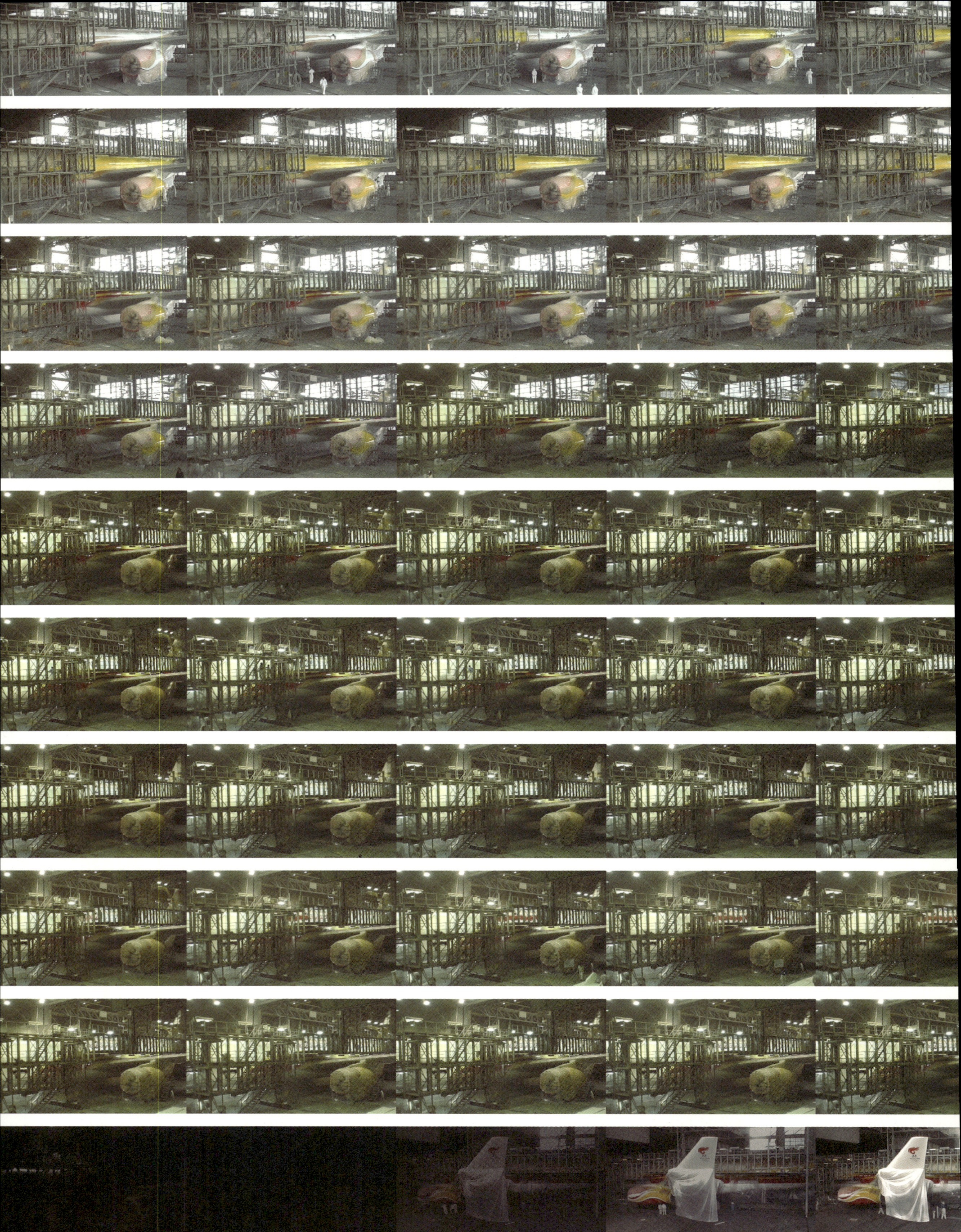

B-6075
Journey of Harmony
AIRBUS A330-200

北京2008奥林匹克火炬接力
Journey of Harmony
Ameco

B-6075
Journey of Harmony
AIRBUS A330-200

北京2008奥林匹克火炬接力
Journey of Harmony
Beijing 2008

直播
奥运圣火号专机抵达首都国际机场

Beijing 2008 Olympic Torch Relay
Journey of Harmony

北京2008年奥运会圣火欢迎仪式
暨火炬接力启动仪式
直播
08 Olympic Torch Relay

第五章　北京 2008 年奥运会火炬接力场地环境设计

Beijing 2008
北京2008奥林匹克火

北京 2008 年奥运会火炬接力场地环境设计

场地环境设计是北京奥运火炬接力形象景观的重要组成部分，主要起营造热烈的火炬接力庆典气氛的作用。场地环境根据功能的不同可分为：新闻发布会、庆典仪式、起跑仪式、休息点等场地。与新闻拍摄、电视转播密切相关的场地，设计上需要考虑到被摄入的信息量以及信息在镜头画面中的位置层次等问题；在与服务和使用密切相关的场地，设计上需要考虑到信息传达的准确性以及使用的便捷性。境外场地环境还有多语言文字的问题，因此需要设计出多种语言的景观设计方案予以应对。北京奥运会火炬接力的场地环境形象景观设计分为红、蓝两大色系，以应对不同的活动需求与场地特征。

奥运火炬接力场地环境形象景观设计原则

1. 根据北京奥运整体形象景观统一性的原则，场地环境设计是火炬接力整体形象系统的有机组成部分，其设计风格要与火炬手、火炬接力运行车队的整体风格协调一致，有助于烘托火炬手的形象、展示奥林匹克圣火传递活动的风采。

2. 由于火炬接力各城市地理气候及街道环境、公共设施的千差万别，在整体形象系统风格统一的前提下，设计方案必须考虑到具体设计的弹性与必要控制等现实问题。

3. 考虑到北京奥运火炬接力周期长、场地环境及气候复杂多变等多种因素，设计实施的基本原则是易制作、易装卸、易管理、易展示，同时还要考虑到各地宗教及风俗习惯差异等问题。

左页图：北京奥运火炬接力场地环境设计实景。

起跑仪式

火炬接力起跑仪式的场地形象景观设计使用了双面易拉宝的形式，但在具体运用中，很多传递城市都延续使用庆典仪式的背板，仅将文字信息作了相应的调整。

上图：起跑仪式场地环境设计方案最终稿，由易拉宝条幅及讲台组成。

新闻发布会

新闻发布会场地形象景观设计主要起烘托火炬接力主题的作用，为电视拍摄和播放营造气氛。主要道具以背板、桌布及易拉宝构成，早期曾尝试过异形背板、更多造型、图片与色彩的综合媒介手段，但这些方案经过论证都以过于复杂告终，因为它既不符合电视转播简洁、明确的画面信息要求，也不符合简化装卸等实施要求。

中央美院设计团队最终以最高实施效率为原则，选择了极简设计，同时为适应不同需求，方案精简为红和蓝两种可选方案。

背景板主要信息布局（中文）

背景板主要信息布局（英文）

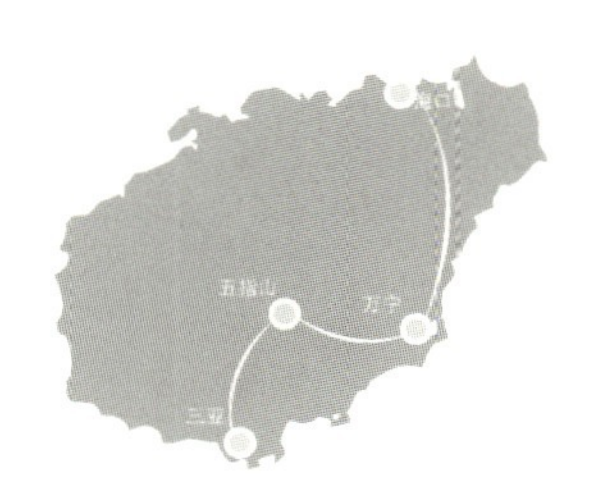

新闻发布会场地环境背景板地图（省地图）

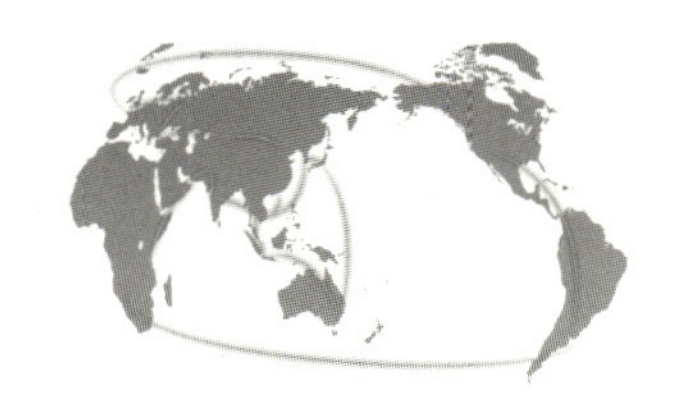

新闻发布会场地环境背景板地图（世界地图）

上图：新闻发布会场地环境设计方案最终稿（境外，境内）。由背板、易拉宝条幅、讲台及坐台组成，境内与境外的区别主要靠文字及大小的变化来识别。

右上图：新闻发布会场地背景信息设计方案（境外、境内）。

在背景信息设计中，主要考虑电视镜头的运用，全景画面可以看见火炬接力的主要信息，在近景镜头时，也可以看见人头后面的火炬接力合作伙伴组合标志及“北京2008奥林匹克火炬接力”字体。

休息点

休息点是为火炬接力途中提供的休息场所，本页展示的是为休息点中的帐篷所做的标贴设计，以及火炬陈列的背板设计。陈列的火炬可供人们观赏或拍照留念，是让观众近距离参观奥运火炬、了解奥运火炬接力的重要场地。

庆典仪式

火炬接力庆典仪式场地形象景观设计为方正简约、对称式的舞台设计，突出隆重、喜庆、热烈的火炬接力庆典氛围。

设计前期，中央美院设计团队同样进行了各种大胆的创新设计，但最终由于场地搭建的技术与时间限制，以及火炬接力形象景观统一的需求，使得设计团队无法使用复杂的异型结构设计与多媒体手段，最终依然采用最保险、最简约的设计方案。

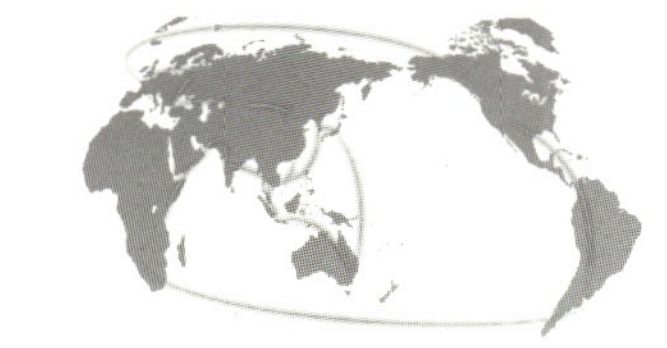

图 1

图 2

图 3

图 4

上图：庆典仪式场地环境设计方案最终稿（图 1、图 3：境外，图 2、图 4：境内）。由背板、易拉宝条幅、圣火台组成，境内与境外的区别主要靠文字及大小的变化来识别。

2008
INDONESIA

Beijing 2008
Beijing 2008

第六章　北京 2008 年奥运会火炬接力城市形象景观设计

北京2008年奥运会火炬接力城市形象景观设计

北京奥运火炬接力城市形象景观设计包括旗帜、围挡、楼体条幅、广告、桥梁装饰等内容。城市形象景观设计的功能是，为火炬接力提前预热城市街区以及烘托火炬接力气氛、强化奥运火炬接力主题、宣传奥林匹克精神、增强拍摄及电视转播效果。设计要求突出火炬接力标志、口号及传递城市的地方特色。

考虑到不同城市的地理尺度及环境特点，形象设计的具体实施需要在统一标准的前提下，预先设定多种比列与尺寸模板，以满足差异化的具体需求。例如旗帜的设计有两种比例（1:3和1:4），以及单旗和双旗两种不同的排列形式与顺序，各城市可以按照自己的需要自行选择。根据具体的实施环境与特定需求，在形象景观统一的原则下满足多元化与差异性的运用需求，是北京奥运火炬接力城市形象景观的原则。

左页图：旗帜的设计过程草稿。

上图：旗帜设计前期方案。

◎除了使用奥运火炬接力指定元素外，还尝试使用含有中国元素及地域元素的图片，以丰富旗帜的设计内涵，营造浓郁的中国特色及地方特色。但为了便于管理与控制，强化旗帜设计的统一性，最终所有其他图片方案取消。

图1

图2

图3

图4

Beijing 2008

图5

Journey of harmony

图6

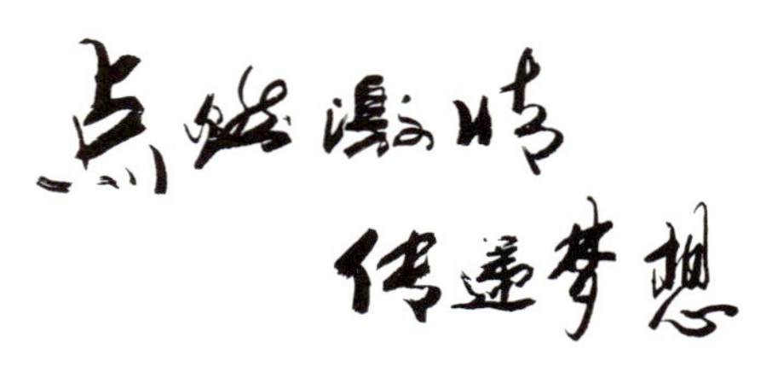

Light the Passion
Share the Dream

图7

图8

旗帜

旗帜在城市形象景观中是使用数量最大的景观物品。北京奥运火炬接力旗帜的设计主要由火炬接力标志、主题口号、“凤穿祥云”核心图形及火炬接力合作伙伴组合标志等元素组成，整体设计要求与北京奥运会形象景观系统相统一。在旗帜的前期设计中，中央美院设计团队曾尝试过插入图片的方式，以丰富旗帜的表现力，但这样的设计增加了旗帜在具体使用过程中的复杂性与不确定性，最终决定旗帜的设计只选用火炬接力形象景观的既定元素，并尽可能简化旗帜的排列组合方式，以确保旗帜运用不出任何差错。安全奥运是一切奥运形象景观设计的首要原则。

1:4（旗帜比例）

0.8:2（旗帜比例）

左页图：旗帜设计元素包括：奥运“五环”标志（图 1）、北京 2008 年奥运会火炬接力标志（图 2）、火炬接力标志与北京奥运主徽组合标志（图 3）、火炬接力标志与赞助商组合标志（图 4）、“Beijing 2008”字体（图 5）、“和谐之旅”中英文字体（图 6）、“点燃激情、传递梦想”中英文字体（图 7）、火炬核心图形（图 8）。

上图：综合考虑各种因素，如面积、开度与设计元素的关系，各地灯杆的高度、风度等，旗帜的比例最终确定为 1:4 与 0.8:2 两种。此为早期方案，火炬接力标志与主徽上下排列，被认为有高下之分，之后改为与标志并排放置。

Journey of harmony
Light the Passion Share the Dream
Beijing 2008
北京2008年奥运会火炬接力
Beijing 2008 Olympic Torch Relay

左页图：火炬接力旗帜设计前期方案。

上图：火炬接力旗帜设计前期方案。

Journey of Harmony
北京2008奥林匹克火炬接力 Beijing 2008 Olympic Torch Relay
和谐之旅
北京2008奥林匹克火炬接力 Beijing 2008 Olympic Torch Relay
Journey of Harmony
北京2008奥林匹克火炬接力 Beijing 2008 Olympic Torch Relay
和谐之旅
北京2008奥林匹克火炬接力 Beijing 2008 Olympic Torch Relay
Beijing 2008
Beijing 2008
Coca-Cola
SAMSUNG
lenovo
点燃激情 传递梦想
Light the Passion Share the Dream
Light the Passion
Share the Dream
Light the Passion Share the Dream
北京2008奥林匹克火炬接力
Beijing 2008 Olympic Torch Relay
点燃激情 传递梦想
北京2008奥林匹克火炬接力
Beijing 2008 Olympic Torch Relay
Beijing 2008
Torch Relay
和谐之旅
北京2008奥林匹克火炬接力
Beijing 2008 Olympic Torch Relay
Journey of harmony
北京2008奥林匹克火炬接力 Beijing 2008 Olympic Torch Relay
Beijing 2008
Journey of Harmony
北京2008奥林匹克火炬接力 Beijing 2008 Olympic Torch Relay
和谐之旅
北京2008奥林匹克火炬接力 Beijing 2008 Olympic Torch Relay
北京2008奥林匹克火炬接力
Beijing 2008 Olympic Torch Relay
Light the Passion Share the Dream
北京2008奥林匹克火炬接力
Beijing 2008 Olympic Torch Relay
点燃激情 传递梦想

左页图：1:4 火炬接力单旗最终稿。

◎旗帜设计最终采用蓝色与红黄渐变两种主色系，背景为火炬接力核心图形“凤穿祥云”，主要标志及文字采用反白手法。旗帜设计元素包括，奥运“五环”标志、北京奥运主徽、北京奥运火炬接力标志、火炬接力标志与组合标志、“Beijing 2008”字体、“和谐之旅”中英文字体、“点燃激情、传递梦想”中英文字体、火炬接力核心图形、火炬接力合作伙伴组合标志等。

上图：0.8:2 火炬接力单旗最终稿。

Light the Passion Share the Dream
点燃激情
传递梦想
Beijing 2008
Share the Dream
北京2008奥林匹克火炬接力
Beijing 2008 Olympic Torch Relay

Torch Relay
Beijing 2008
Beijing 2008

旗帜的打样

旗帜在设计过程中就不断进行打样测试。旗帜打样选择在上海茂丰旗蓬有限公司进行旗帜的印制测试。雅典奥运会和都灵冬奥会的旗帜都是在上海茂丰旗蓬有限公司生产、制作的，该厂具有丰富的制作经验与较强的生产能力。

旗帜长期置于户外，要经历风吹、日晒、雨淋，加之在全球范围内的火炬接力，更面临差异性极大的气候条件的考验。因此在旗帜的印刷与制作过程中，无论是面料及辅料的选择还是染料的色牢度等问题，都必须全面考虑并经过严格测试才能做到万无一失。

左页图：在茂丰旗蓬公司测试旗帜打样实物，目测要求既要保证核心图形背景不干扰火炬接力标志与口号等主题，又要看清“凤穿祥云”的图形特征。

上图：在茂丰旗蓬公司测试旗帜打样实物。

Beijing 2008

7
8
2

点燃激情 传递梦想
Beijing 2008
Light the Passion Share the Dream

围挡

围挡主要布置在火炬接力沿线，起保持人群与火炬手、火炬接力运行车队距离的作用，同时也是奥运火炬接力形象景观系统的组成部分。对于火炬接力合作伙伴及赞助商来说，围挡也是展示其标志形象的重要载体，根据火炬中心指示，原方案中的火炬接力标志改为火炬接力合作伙伴组合标志，与口号、“五环”标志一起均匀分布。围挡色调初定为为红黄两色，在后来的实际应用中增加了蓝色。

c:0 m:96 y:100 k:0　不透明度：70%　填充方式：100%　叠加方式：正常

c:0 m:100 y:100 k:0　不透明度：90%　填充方式：100%　叠加方式：饱和度

c:0 m:75 y:96 k:0　不透明度：70%　填充方式：100%　叠加方式：变亮

c:0 m:91 y:96 k:0　不透明度：100%　填充方式：39%　叠加方式：变亮

c:0 m:75 y:96 k:0　不透明度：70%　填充方式：100%　叠加方式：变暗

c:0 m:100 y:100 k:0　不透明度：100%　填充方式：100%　叠加方式：点光

c:0 m:82 y:100 k:0　不透明度：60%　填充方式：100%　叠加方式：正常

c:0 m:84 y:100 k:0　不透明度：65%　填充方式：100%　叠加方式：变亮

左页图：火炬接力围栏设计最终稿。运用元素有：“Beijing 2008”字体、奥运“五环”标志、“点燃激情，传递梦想”口号、火炬接力合作伙伴组合标志以及火炬核心图形等。

上图：“凤穿祥云”核心图形在户外测试表明，其应用于围挡时明度反差不够、色彩略显沉闷，在经过多次调整后，最终确定了较为明朗鲜艳的基础色调。

Beijing

楼体条幅

楼体条幅是北京奥运火炬接力城市形象景观的重要组成部分，它有效利用了现有建筑立面进行火炬接力主题形象宣传，营造火炬接力城市的热烈氛围。楼体条幅的设计元素主要由火炬接力标志、中英文口号、核心图形等构成。楼体条幅设计开始以红色的核心图形为背景，后来改为红黄渐变，同时还增加蓝色系供选择。

上图：楼体条幅设计最终稿。

桥体装饰

桥体装饰是指城市街区过街天桥的桥体装饰，桥体装饰与旗帜、楼体条幅一起营造火炬接力城市所特有的热情、祥和的庆典氛围。桥体装饰设计元素主要由奥运“五环”标志、火炬接力标志、中英文口号、核心图形等构成。与楼体条幅设计一样，桥体装饰开始以红色的核心图形为背景，后来改为红黄渐变，同时还增加蓝色系供选择。

上图：桥梁装饰设计最终稿。

Жүзден жүйрік, мыңнан тұлпар
Зажги страсть, поделись мечтой
Light The Passion Share The Dream
Almaty 02. 04. 2008 KAZAKHSTAN
Almaty

户外广告

火炬接力户外广告在实际的使用过程中不仅作为广告，也可以替代背景板使用。其设计方案以火炬核心图形为背景，辅以流动的火焰装饰带，突出北京奥运火炬、火炬接力标志、口号等要素。画面底部可根据各城市特点配以各地风光及人文图片等内容，以强化地域自然及人文文化特征，增加火炬接力形象景观内涵、宣传奥林匹克精神所倡导的多元文化共生、协调发展的基本理念，营造亲切、祥和的火炬接力庆典氛围。

左页图：火炬接力户外广告图片位置示意图及在境外进行火炬接力的实景照片。

上图：火炬接力户外广告示意稿，底部画面由雅典神庙、欢庆人群及长城风光等组成。

Coca-Cola
lenovo
TAXI
P
WELCOME
停车场
7

传递梦想
Light the Passion Share the Dream

◎ Myriad Pro、Gill Sans MT、Verdana：奥运注册卡设计所用字体。pt：磅，设计中所用字号的计量单位。

注册卡

注册卡是北京奥运火炬接力工作人员的身份证件。奥运会身份注册卡是国际奥委会的财产，使用此卡意味着：持卡人同意在奥运会期间，本人的肖像可以用于摄像、电视播放、拍照、识别以及其他方式的记录和记载，只要上述活动经过国际奥委会的授权，并以宣传奥运会和推广奥林匹克运动为目的。同时本人在奥运会期间所拍摄的所有照片和动态影像，包括在所有奥运会场馆内拍摄的参赛运动员的照片和动态影像，都将只用于个人和非商业目的，否则，必须事先取得国际奥委会的书面许可。

注册卡用于火炬接力过程中证明、识别各类工作人员的身份，是安保系统的重要证件。证件的正背面划分了不同的功能区域，各级文字信息都十分重要，在字号、信息分布与管理上曾做过多种方案，图中所示为最终确定的设计方案。

北京奥运火炬接力注册卡分为三大类：境内火炬接力工作人员、境外火炬接力工作人员、火炬接力途经城市工作人员。三个类别以黄色、红色、灰色加以区分，每个类别下再以绿色、红色、蓝色对先遣团队、圣火团队、运行团队进行细分。

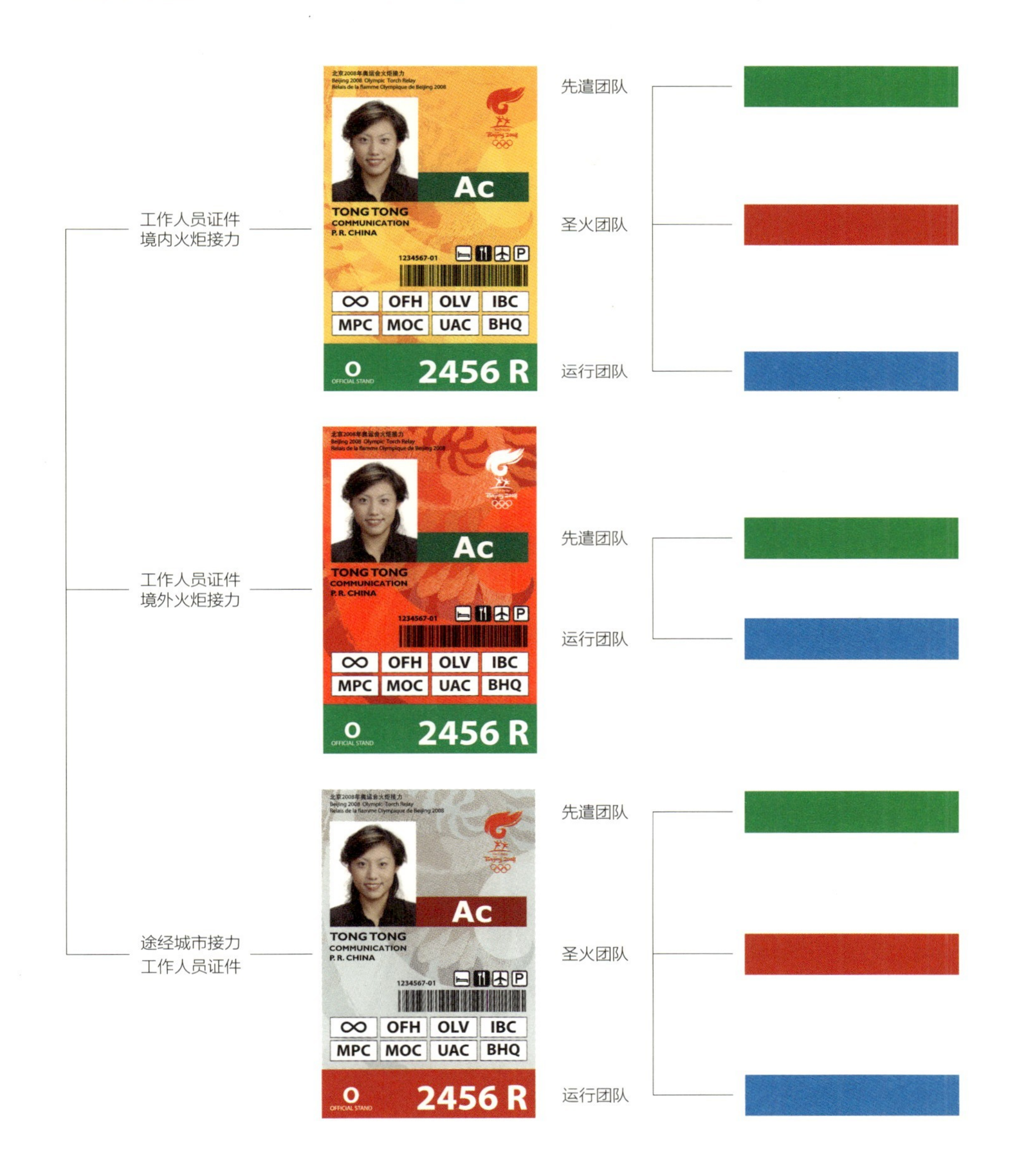

左页图：注册卡正、背面图文信息设计。

上图：注册卡分类。

第七章　北京 2008 年奥运会火炬接力珠峰形象景观设计

北京 2008 年奥运会火炬接力珠峰形象景观设计

2008 年北京奥运会开创了很多新的历史纪录，其中最令人振奋和难忘的是，在奥运史上第一次让奥运火炬在世界最高峰——珠穆朗玛峰上熊熊燃烧。

鉴于奥运火炬登顶珠峰活动的历史意义重大，相应的形象景观设计随即启动。珠峰严酷的气候条件是形象景观设计首先要考虑的环境要素，所有的设计必须简洁、实用、牢靠。

珠峰的奥运形象景观设计包含登山服、围挡和旗帜。在严酷的环境中，围挡和旗帜的作用其实不大，一方面围挡和旗帜在广漠的白色雪地里会显得非常渺小与苍白；同时，恶劣的天气条件也不容许围挡和旗帜的大面积使用。事实上，在最后的登顶活动中，围挡和旗帜都因为天气原因没有实施，而登山服上的火炬接力标识设计则成为唯一实现的形象元素。

2008 年 5 月 8 日，登山运动员手持奥运火炬登顶珠峰，圣火在地球之巅熊熊燃烧的画面通过电视画面传播到世界的各个角落，永远定格在全球亿万民众的心中，并铭刻在奥林匹克的历史记忆之中。

根据北京奥组委火炬中心的要求，中央美术设计团队设计了珠峰奥运火炬接力标志，该标志以珠峰形象、北京奥运火炬接力标志、“北京 2008 年奥运会火炬接力”中英文字体为主体。为了更好地体现珠峰的雄姿，设计团队成员尝试了各种风格的珠峰造型表现形式。对于服装及其他各类装备、道具上的火炬接力标志的位置、大小等也根据电视转播画面的要求，进行了有针对性的设计与测试，以保证最终的画面效果。

左页图：杭海副教授在指导火炬接力珠峰景观设计。

右图：珠峰火炬接力标识手绘草稿。

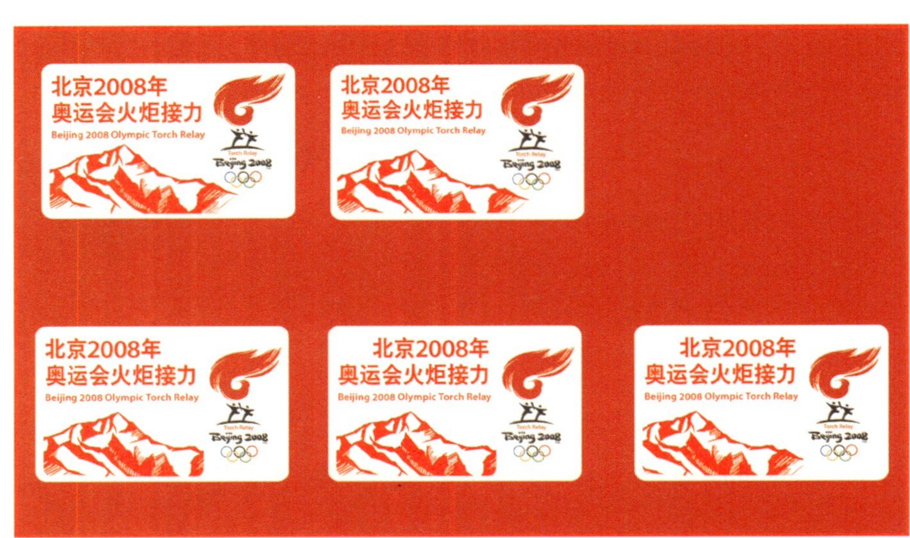
北京2008年
奥运会火炬接力
Beijing 2008 Olympic Torch Relay

Torch Relay
Beijing 2008
北京2008年奥运会火炬接力
Beijing 2008 Olympic Torch Relay

北京2008年
奥运会火炬接力
Beijing 2008 Olympic Torch Relay
Torch Relay
Beijing 2008

北京2008年奥运会火炬接力
Beijing 2008 Olympic Torch Relay

Torch Relay
Beijing 2008

北京2008年
奥运会火炬接力
Beijing 2008 Olympic Torch Relay
Torch Relay
Beijing 2008

珠峰奥运火炬接力标识的延展与覆盖

登顶珠峰的服装装备包括手套、帽子、风衣、背带裤、羽绒服、背包等，为保护合作伙伴及赞助商利益，宣传奥林匹克品牌与北京奥运形象，火炬中心指示要用珠峰奥运火炬接力标识及北京奥运火炬接力相关形象元素对服装装备上的原有标志予以遮盖，新标识尺寸以装备原有标志的尺寸为基础，采用机绣方式制作。以下为中央美院团队设计的各类服装装备标识设计举要。

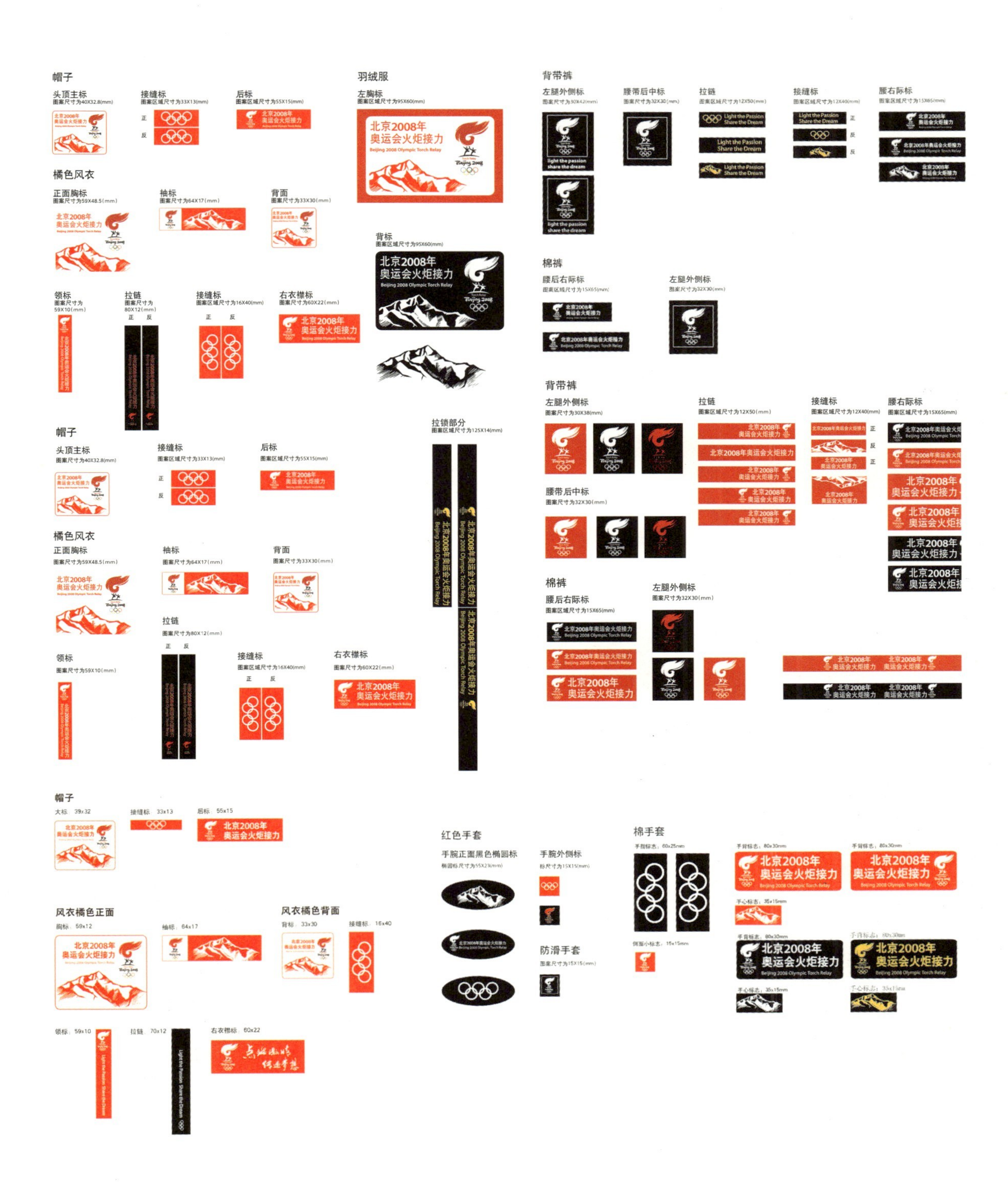

左页图：珠峰火炬接力标识。

上图：珠峰火炬接力标识延展设计。

Light the Passion Share the Dream
Torch Relay
Beijing 2008
Beijing 2008
Light the Passion Share the Dream
CHINA
CHINA

登山服

登山服上的奥运标识元素是火炬接力选手攀登珠峰时电视转播中重要的形象元素，登山服上的奥运标识元素包括：奥运“五环”标志、北京奥运火炬接力标志、“Beijing 2008”字体以及火炬英文口号“Light the Passion Share the Dream”，根据北京奥组委火炬中心的相关要求，同一服装区域不允许重复出现相同的标识元素，设计团队反复调整了各类标识元素的大小与位置关系，充分考虑了电视画面的效果，最终确定方案。

Light the Passion Share the Dream

Beijing 2008

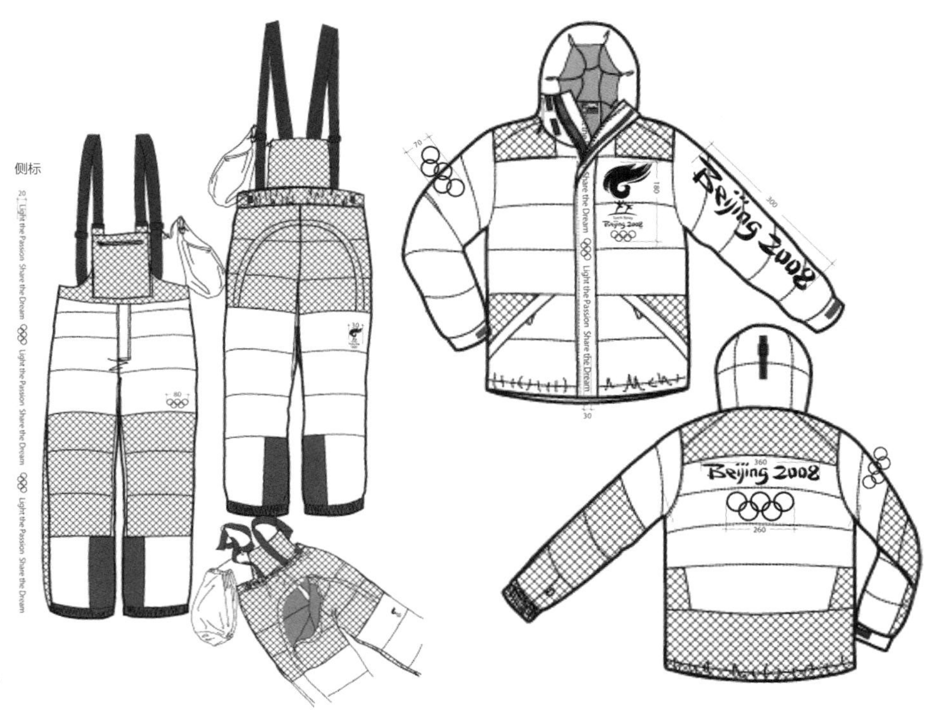

滑雪服　　羽绒服 单位（mm）

左页图：登山服上的火炬接力形象元素设计效果图。
上图：登山服设计线稿。
右上图：登山服上的火炬接力形象元素。由“Light the Passion Share the Dream”、奥运“五环”标志、“Beijing 2008”字体、北京奥运火炬接力标志组成。

Beijing 2008

旗帜与围挡

中央美院设计团队曾设计过小尺寸的藏式旗帜，用于固定帐篷绳索上的装饰，但由于珠峰的风力过大，难以固定，因此没有制作、安装。

旗帜与围挡设计由于珠峰风力等因素影响都没有实施。

左页图：珠峰大本营围栏与旗帜设计稿。

上图：珠峰大本营旗帜设计稿。

Share the Dream
Beijing 2008

背景板

背景板是珠峰大本营形象景观设计项目中唯一保存下来的设计，为蓝色底、白色的“五环”标志，背景板置于珠峰大本营旗帜底座位置。这块背景板不仅是大本营的标志，同时也充当了庆典仪式、节目录制的背板的角色。

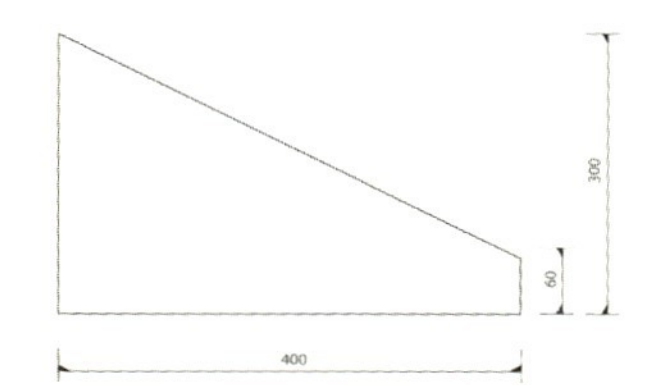

左页图：工作人员在珠峰大本营测试火炬接力形象景观物品。

北京 2008 奥林匹克火炬接力景观设计于 2008 年 1 月 16 日在北京奥运新闻中心公布。

北京 2008 奥林匹克火炬接力景观设计主要包括火炬及延展设计、运行车队和飞机设计、火炬接力服装设计、火炬接力场地环境设计和城市景观设计五个部分。

设计方案以火炬接力标志、主题口号、核心图形和色彩为基础，以凤纹、祥云为创意来源，与北京奥运会景观系统协调一致。设计方案视觉效果独特，明显区别于往届奥运会，充分体现了中国传统文化，富于时代特色，该方案得到国际奥委会的高度评价。

北京2008年奥运会火炬接力景观设计公布

北京2008奥林匹克火炬接力景观设计今天下午在北京奥运新闻中心公布。

设计方案以火炬接力标志、主题口号、核心图形和色彩为基础，以凤纹、祥云为创意来源，与北京奥运会景观系统协调一致。设计方案视觉效果独特，明显区别于往届奥运会，充分体现了中国传统文化，富于时代特色。

北京2008年奥林匹克火炬接力景观设计主要包括火炬及延展设计、运行车队和飞机设计、火炬接力服装设计、火炬接力场地环境设计和城市景观设计五个部分。

火炬以及延展设计主要包括火炬、火种灯、火炬展示支架、城市庆典圣火盆等。其中，北京奥运会火炬已于2007年4月26日正式对外发布。

北京奥运会火种灯的创意源于古典、华美的中国宫灯，方圆嵌套象征天圆地方，银色金属光泽和晶莹剔透的玻璃形成对比，传达出奥林匹克圣火所象征的神圣与纯洁。

火炬展示支架主要用于展示和支撑火炬，造型设计借鉴了汉唐建筑风格，底部祥云升腾，与火炬遥相呼应。

城市庆典圣火盆设计采用“天圆地方”的理念，以中国青铜器代表作——鼎以及祥云图案为设计元素。顶部镂空的56朵祥云象征中国56个民族把祝福带到五大洲；四柱八面象征北京奥运会欢迎四面八方的宾朋；圣火盆高130厘米，象征北京奥运会火炬接力历时130天；盆体深29厘米，象征第29届奥运会；立柱高为112厘米，象征奥林匹克运动从1896年到2008年走过了112年。

北京奥运会火炬接力运行车队景观以红黄两色为主色调，通过火炬接力标志、核心图形和主题口号的组合，呈现出热烈、动感的视觉特征，使传递车队真正成为传播奥林匹克精神和北京奥运会理念的流动载体。运行车队由13辆汽车和6辆摩托车组成，除警车和救护车外，针对不同类型的车辆进行了专门的景观设计。根据北京奥组委和火炬接力赞助商签订的协议，在传递车队相关车辆的适当位置，加入了火炬接力组合标志。

火炬接力境外传递包机的设计突出了“北京2008奥林匹克火炬接力”和“点燃激情 传递梦想”的信息，充分考虑到飞机着陆后的新闻报道与电视转播的拍摄效果。

北京2008年奥林匹克火炬接力服装分为火炬手服装、护跑手服装和工作人员服装三种。火炬手服装设计严格遵照国际奥委会的相关规定，服装以白色为主，分夏季和秋季两款，突出简洁、神圣和礼仪感；护跑手服装与火炬手服装基础元素基本相同，但在色彩上有明显区别，以蓝色为主。护跑手服装也分为夏季和秋季两款；工作人员服装以蓝色为主，在功能上满足运行需求。

北京奥运会火炬接力运行场地环境景观分蓝色和红色两类，力求针对不同的活动需求与场地特征，展示地方特色，简洁明了地传达火炬接力热烈、喜庆的信息和气氛。

城市景观主要包括旗帜、楼体巨幅装饰、桥梁装饰、户外广告等。各省、自治区、直辖市及境外传递城市将根据《北京2008年奥林匹克火炬接力形象景观技术手册》及各地实际情况选择使用。

北京奥组委火炬接力中心于2007年8月启动形象景观设计工作。中央美术学院、联想（北京）有限公司、北京服装学院分别承担了景观开发、火炬及延展设计和火炬接力服装的设计。为保证火炬接力景观设计的美观、合理和科学，满足火炬接力运行和电视传播的需求，火炬接力中心邀请国内知名的美术界专家、公关公司传媒专家、奥林匹克专家、奥林匹克转播公司、赞助商代表以及奥组委形象景观专家等进行了广泛的研讨。经过反复推敲，形成最终方案，并得到国际奥委会的高度评价。

（摘自北京2008年奥运会官方网站2008年1月16日讯）

Light the Passion

Beijing 2008

Olympic Torch Relay

Beijing 2008 Olympic Torch Relay

北京2008奥林匹克火炬接力
Beijing 2008 Olympic Torch Relay
澳門 · Macau 2008.5.3
Light the Passion Share the Dream

北京2008奥林匹克火炬接力
Beijing 2008 Olympic Torch Relay
Light the Passion Share the Dream
Beijing 2008

Torch Relay
Beijing 2008
TM©

Beijing 2008

北京2008奥林匹克火炬接力
Beijing 2008 Olympic Torch Relay

Torch

061

Rước đuốc Olympic Bắc Kinh
北京2008奥林匹克火炬接力
Beijing 2008 Olympic Torch Relay
Họp Báo
Press Conference
Thành phố Hồ Chí Minh 27-4-2008
Beijing 2008 Olympic Torch Relay

支持
奥运

中国
Sichuan

制定《北京 2008 年奥林匹克火炬接力形象景观技术手册》的目的，是帮助各地了解北京奥运会火炬接力形象景观工作的内容、形象景观制作的标准与规范，以及各地在形象景观工作的职责，以便进一步做好各地形象景观的设计与实施工作。

北京 2008 年奥林匹克火炬接力形象景观技术手册

《北京 2008 年奥林匹克火炬接力形象景观技术手册》根据《奥林匹克宪章》、《北京 2008 年奥运会主办城市合同》、《北京奥运会火炬接力合作伙伴协议》、《奥林匹克标志保护条例》、《北京奥运会火炬接力新闻宣传战略》、《国际奥委会注册制证指南》、《国际奥委会礼宾技术手册》、《国际奥委会奥林匹克火炬接力技术手册》等文件制定，共划分为火炬接力景观、火炬接力形象景观应用规范、实景效果图、制作工艺图、赞助商识别、各城市职责、制作单位七部分内容。

制定《北京 2008 年奥林匹克火炬接力形象景观技术手册》的目的，是帮助各地了解北京奥运会火炬接力形象景观工作的内容、形象景观制作的标准与规范，以及各地在形象景观工作的职责，以便进一步做好各地形象景观的设计与实施工作。此手册只适用于北京奥组委以及各地火炬接力组织委员会，不适用于面向公众发行。

在该手册将包括的信息中，火炬接力景观部分介绍了火炬及延展设计、火炬接力服装、火炬接力交通工具、火炬接力路标、火炬接力证件以及火炬接力标准路线图等有关内容；火炬接力形象景观应用部分对火炬接力形象景观基础元素的应用标准，火炬接力场地环境、城市景观设计进行了规范；实景效果图部分是为了帮助各地直观地了解火炬接力形象景观的应用效果而制作的，效果图主要是按照火炬接力运行情况在北京选点拍摄，仅供各地参考；制作工艺图部分详细地介绍了北京奥运会形象景观物资的制作工艺、材料以及安装方法；赞助商识别部分主要是反映出火炬接力合作伙伴在形象景观部分的权益，以便帮助各地在形象景观中加以应用；各城市职责部分，就各城市与北京奥组委在火炬接力形象景观工作进行了基本分工，并说明了重要的工作时间节点；制作单位部分介绍了北京奥组委景观制作单位的情况，以便帮助各地进行具体的技术沟通。

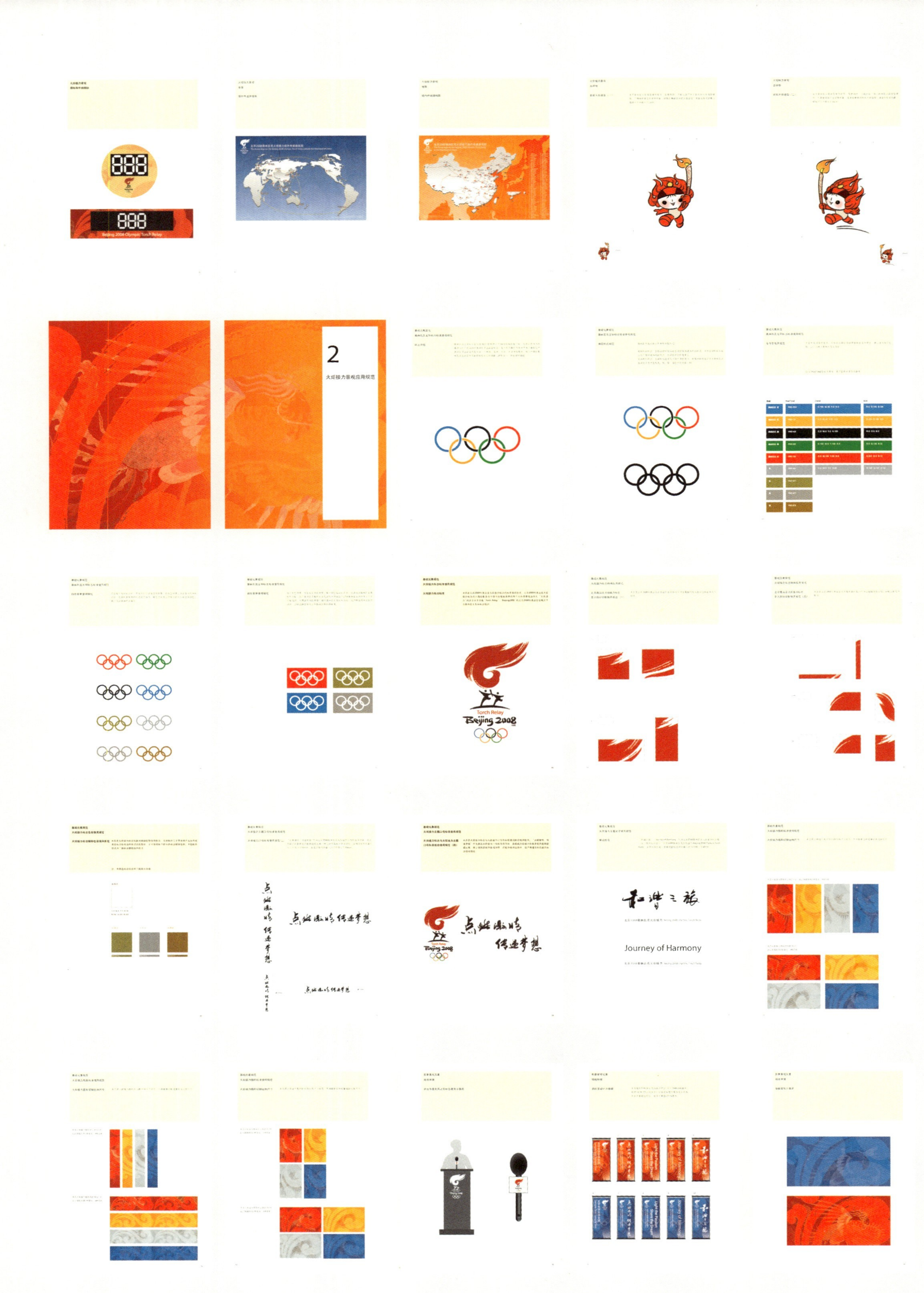

888
888
Beijing 2008 Olympic Torch Relay
2
火炬接力景观应用规范
Torch Relay
Beijing 2008
Journey of Harmony

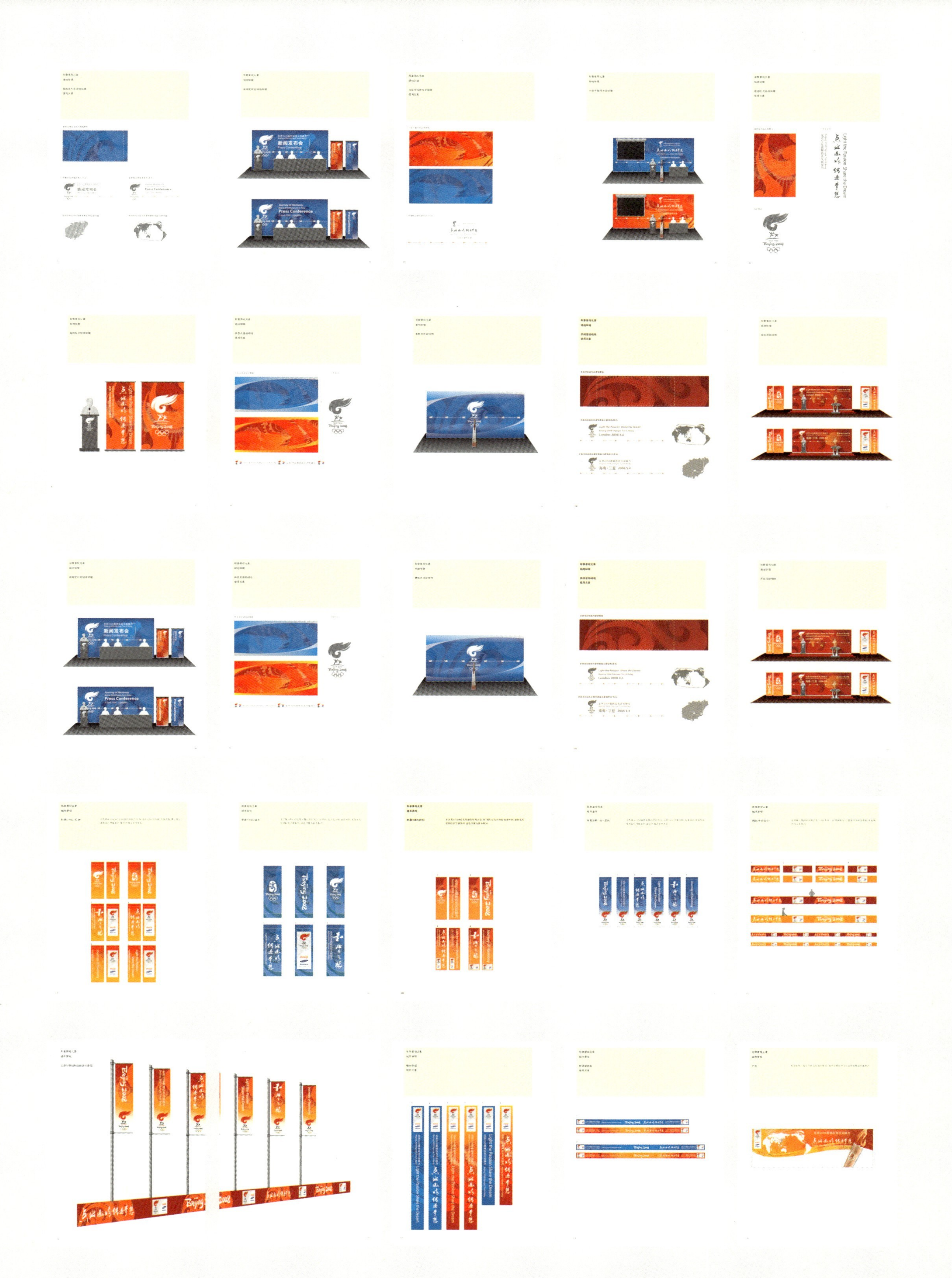

北京 2008 年奥运会火炬接力形象景观设计大事记

2006 年 5 月	设计火炬接力核心图形设计启动，杭海副教授确定“凤穿祥云”设计主题。
2006 年 6 月	到重庆拍摄秦良玉红绸盘金绣花蟒凤纾衣凤纹图案。
2006 年 7 月	完成“凤穿祥云”火炬接力核心图形设计。
2007 年 5 月	开始火炬接力火炬手选拔海报设计工作。
2007 年 6 月	完成火炬接力火炬手选拔海报设计工作。
2007 年 7 月	陈慰平老师带领设计小组进驻北京奥组委火炬中心工作。
2007 年 7 月 11 日	到蓝彩公司打印测试旗帜材料和颜色。
2007 年 8 月	开始进行火炬接力珠峰形象景观设计。
2007 年 8 月	开始进行火炬接力形象景观运行车队车体设计。
2007 年 8 月	完成火炬接力证件设计。
2007 年 8 月 16 日	雅典奥运会形象与景观设计总监西奥多 · 玛莎里斯到中央美术学院奥运艺术研究中心指导火炬接力形象景观设计工作。
2007 年 9 月 7 日	到机库考察“圣火号”专用飞机，并开始进行机身设计。
2007 年 9 月	启动火炬接力庆典仪式形象景观设计工作。
2007 年 11 月 10 日	北京奥组委火炬接力中心召开北京奥运会火炬接力形象景观设计汇报专题会。会后，中央美院设计方案被奥组委执委会确认通过。
2008 年 12 月 28 日	车身第一次试贴。
2008 年 1 月 11 日	车身第二次试贴。
2008 年 1 月 16 日	北京 2008 年奥运会火炬接力景观设计在北京奥运新闻中心发布。
2008 年 1 月 16 日	北京奥运会火炬接力形象景观新闻发布会召开。
2008 年 2 月	到苏州 PPG 涂料（中国）有限公司调试机身喷涂专用颜料。
2008 年 2 月 28 日	北京大众汽车发布北京奥运火炬接力车队车身形象设计。
2008 年 3 月 12 日	到北京飞机维修工程公司进行机身喷漆工作。
2008 年 3 月 27 日	完成机身喷漆工作。
2008 年 3 月 28 日	“圣火号”专机试飞。

内文用纸为 100 克欧维斯米白纸，由康戴里贸易（上海）有限公司北京分公司提供

图书在版编目（CIP）数据

凤与火 北京2008年奥林匹克运动会火炬接力形象景观设计 / 王敏，杭海主编．—北京：中国建筑工业出版社，2012.11

（为北京奥运设计｜北京2008年奥林匹克运动会形象景观设计系列丛书）

ISBN 978-7-112-14844-8

Ⅰ．①凤… Ⅱ．①王… ②杭… Ⅲ．①夏季奥运会—火炬—传递—景观设计—北京市—2008 Ⅳ．①G811.211

中国版本图书馆CIP数据核字（2012）第259740号

责任编辑：李东禧 唐 旭 李成成
责任校对：王誉欣 王雪竹

顾　　问：潘公凯 谭 平 王 敏 许 平 宋协伟 杭 海 王子源 林存真
主　　编：王 敏 杭 海
编　　委：王 敏 杭 海 胡小妹 王 捷 王雪皎 陈慰平 薛 梅
整体设计：胡小妹 王 捷 陈慰平
版式设计：胡小妹 王 捷 陈慰平 王雪皎 孟 洁 吴 颜 王 璐 岳仕怡
李 平 王 兮 牛 静 万 力 赵沅沣 花 睿 郭 鑫 张 睿
王 岩 高璐瑜 刘 典 林 帆 李晶晶

为北京奥运设计｜北京2008年奥林匹克运动会形象景观设计系列丛书

凤与火

北京2008年奥林匹克运动会火炬接力形象景观设计

中央美术学院奥运艺术研究中心

王敏 杭海 主编

*

中国建筑工业出版社出版、发行（北京西郊百万庄）
各地新华书店、建筑书店经销
中央美术学院奥运艺术研究中心制版
北京顺诚彩色印刷有限公司印刷

*

开本：965×1270毫米 1/16 印张：12½ 字数：500千字
2012年11月第一版 2012年11月第一次印刷
定价：178.00元
ISBN 978-7-112-14844-8
(22927)

版权所有 翻印必究
如有印装质量问题，可寄本社退换
（邮政编码 100037）